DER RATGEBER FÜR EIN
NEUES MITEINANDER

ZIEMLICH BESTE NACHBARN

Ina Brunk & Michael Vollmann

INHALT

VORWORT

*Unsere Vision ist eine Gesellschaft,
in der sich die Menschen in
ihrem lokalen Umfeld zu Hause fühlen.*

Wir als die Mitgründer der Nachbarschaftsplattform **nebenan.de** durften in den letzten Jahren viel über die Nachbarschaft lernen: Anwohner helfen sich über die Plattform im Krankheitsfall, unterstützen ältere Menschen bei der Bewältigung ihres Alltags und wirken durch gemeinsame Aktivitäten der Vereinsamung entgegen. Sie schließen sich zusammen, um Sachspenden für Obdachlose, ärmere Personen aus dem Viertel und andere Hilfsbedürftige zu sammeln. Nachbarn finden unkompliziert Mitstreiter für gemeinsame Aktionen wie zum Beispiel die Einrichtung einer Spielstraße im Quartier oder die Erhaltung von Grünflächen.

Es ist verrückt, aber unsere Onlineplattform dient einem besseren Offlineleben. Für uns ist die Digitalisierung eine Chance, um Begegnungshürden abzubauen und innovative, digitale Kommunikationswege zu öffnen. Mit Organisationsprofilen werden lokale und kommunale Partner aktiv eingebunden und gemeinsam wird daran gearbeitet, den sozialen Zusammenhalt in Quartieren zu stärken. Das scheint zu klappen. Eine Studie im Auftrag des Bundesverbands für Wohnen und Stadtentwicklung e.V. kommt zu dem Schluss: »Nachbarschaftsplattformen und digitale Medien reduzieren das Gefühl von Anonymität und befördern Identifikation und Verbundenheit in der Nachbarschaft.« Und weiter: Sie »sind ein Katalysator für neue Bekanntschaften und soziale Vernetzung unterschiedlicher Gruppen in der Nachbarschaft. Damit leisten sie einen Beitrag zum sozialen Zusammenhalt«. (in voller Länge nachzulesen auf der Website: **vernetzte-nachbarn.de**)

Unsere Vision ist eine Gesellschaft, in der sich die Menschen in ihrem lokalen Umfeld zu Hause fühlen. Um sie dabei zu unterstützen, sich aktiv in die Gemeinschaft einzubringen und bereits bestehendes lokales Engagement stärker zu fördern, haben wir neben der Plattform die gemeinnützige **nebenan.de Stiftung gGmbH** gegründet. Als operative und fördernde Stiftung pilotiert, implementiert und skaliert sie nachbarschaftliche Projekte. Und gibt dir darüber hinaus nun auch diesen hoffentlich inspirierenden Wegweiser für gute Nachbarschaft an die Hand.

Mittlerweile gibt es eine Vielzahl von Initiativen und Projekten, von virtuellen Plattformen und realen Begegnungsorten, wo genau an dieser lokalen Gemeinschaft gearbeitet wird. Unser Buch will davon erzählen – und so Mut machen, sich seiner Nachbarschaft zu öffnen und sie aktiv zu gestalten. Und damit die Gesellschaft insgesamt.

Traust du dich, der Frage nachzugehen: Wer wohnt eigentlich nebenan? Oder anders gesagt: Who the f* is Alice?

Wir wünschen dir viel Freude beim Lesen und freuen uns über zahlreiches Feedback.

Deine Ina und dein Michael

1

DAS GUTE LIEGT SO NAH

Hand aufs Herz: Jeder benötigt einmal Hilfe, einen guten Rat
oder möchte sich einfach nur austauschen. Jedoch leben heutzutage
Familie und Freunde nur noch selten in der direkten Umgebung.
Da kann eine gute und hilfsbereite Nachbarschaft die Lösung sein.
Menschen in der direkten Umgebung zu kennen, auf die man sich
verlassen kann, erleichtert den Alltag und bringt viel Freude –
und vielleicht ja sogar neue Freunde.

WHO THE F*
IS ALICE?

Vielleicht gebührt Chris Norman am ehesten der Titel »Größter Nachbarschaftssänger aller Zeiten«. Als der Frontsänger der britischen Pop-Band »Smokie« Mitte der Siebzigerjahre in »Living Next Door to Alice« dem Mädchen seiner Träume hinterherschluchzte und ein Jahr darauf Howard Carpendale mit der deutschen Version »Tür an Tür mit Alice« in die Sehnsucht mit einfiel, schauten Millionen von Menschen noch einmal genauer hin, wer da eigentlich rechts und links von ihm oder ihr wohnte. Vielleicht ja sogar die große Liebe? Kaum ein Song der Popgeschichte zelebrierte derart intensiv und dahinschmelzend die romantische Macht der Nachbarschaft.

Seitdem wurde und wird sie in etlichen Songs besungen und dient bis heute in Filmen und Büchern als Projektionsfläche für die Beschreibung einer ganzen Gesellschaft. Mal ernst wie im Roman »Das Kapital« von John Lanchester, in dem der britische Schriftsteller die Nachbarn in der fiktiven Pepys Road in London als Bühne für die Finanzkrise 2008 grandios in Szene setzt. Mal leicht wie in »Ein Mann namens Ove« des schwedischen Autors Carl Fredrik Backmann, in dem ein mürrischer alter Kauz unversehens zum Knotenpunkt seiner Nachbarn wird und en passant Themen wie Migration, sexuelle Orientierung und Freundschaft behandelt werden. Den Schrecken vor dem lieben Nachbar hat Regisseur Mark Pellington in seinem Psychothriller »Arlington Road«

auf die Spitze getrieben: Der neue Mann von gegenüber entpuppt sich als Terrorist und jagt in einem furiosen Finale das Hauptquartier des FBI in die Luft – und mit dem Gebäude auch gleich seinen armen Nachbarn, der ihm auf die Schliche gekommen war. Und nur am Rande: Es kursieren im Internet sogar Listen mit den 25 schrecklichsten Filmnachbarn. Auf Platz 3: Homer Simpson.

Jeder von uns wohnt in ihr, jeder hat eine Meinung zu ihr und den Menschen um sich herum. Die Nachbarschaft ist der Mikrokosmos außerhalb der eigenen vier Wände, in dem sich Dramen ebenso abspielen wie Komödien, tiefe Trauer und große Freude – eben all das, was passieren kann, wo Menschen leben. Nur bekommen wir es nicht immer mit. Und das ist ja auch nicht immer gewollt. Wer will schon mit dem unheimlichen Mittsechziger von nebenan zu tun haben oder mit der Schreckschraube aus dem Erdgeschoss?! Sicher ist aber auch: Es gibt eine Vielzahl von Menschen um uns herum, die wir interessant, kurios oder einfach richtig nett finden würden – wenn wir sie nur kennenlernten.

Die Nachbarschaft ist der Mikrokosmos außerhalb der eigenen vier Wände.

Das Prinzip Dorf

Auf den Dörfern kennt man dieses Verbinden teilweise noch mehr als in den Metropolen. Da schmücken die Nachbarn die Türen bei Hochzeiten und runden Geburtstagen, Geburten werden gemeinsam begossen, mit dem Nachbarn am Gartenzaun samstagnachmittags über den kommenden Bundesliga-Spieltag parliert oder Rezepte für den Kirschkuchen herübergereicht. Wer zu viele Äpfel geerntet hat, verteilt sie in seiner Straße. Wer eine Bohrmaschine braucht, fragt nebenan nach. Und nicht nur Gegenstände, Gedanken oder Gefallen werden getauscht, sondern auch Kompetenzen: Wenn bei Christiane der Wasserhahn tropft, fragt sie Klempnermeister Marc zwei Häuser weiter, der dann gleich am selben Abend oder spätestens am Wochenende kommt und den Schaden behebt. Natürlich ohne Geld dafür zu nehmen. Denn immerhin ist Christiane ja Angestellte in einer Steuerkanzlei in der Kreisstadt und macht Marc jedes Jahr die Steuererklärung.

Meyenburg in Niedersachsen

Oder anders gesagt: Vor allem auf dem Dorf funktionieren all die vertrauensbasierten Rituale noch, die den Zusammenhalt der Menschen fördern und fürs Wohlergehen jedes Einzelnen wichtig sind. Für viele Städter ist deswegen auch heute die Kleinstadt ein Sehnsuchtsort – nicht nur wegen der Natur, dem Waldkindergarten für die Kleinen oder weil man endlich mal selber Gemüse anbauen kann. Es sind auch die Menschen und die Gemeinschaft, die einen Reiz ausüben und jene Wärme geben können, die man in Zeiten von aufgelösten Großfamilienstrukturen vermisst. Auch wenn das heute sogar auf dem Dorf keine Selbstverständlichkeit mehr ist.

Allein zu Haus

In den Metropolen funktioniert Nachbarschaft in den meisten Fällen anders. In den großen Wohneinheiten bleibt es oftmals beim dahingenuschelten »Morg'n« im Treppenhaus. Manchmal kommt es zum Gespräch über die Unfähigkeit des Vermieters oder die immer vollen Mülltonnen. Die Themen kreisen ums Äußere, selten um Persönliches, nie um das Innerste. Was viele ja auch gar nicht wollen und gerade deshalb die Anonymität der Großstadt als zentralen Lebensmittelpunkt gewählt haben. Und damit auch die Unannehmlichkeiten, die damit verbunden sind: die laute Musik bei der Einweihungsparty, das Getrampel der kleinen Kinder im Stockwerk oben, das Klaviergeklimper rechts unten. All das nehmen viele in Kauf für ein hohes Maß an Privatsphäre.

Laut der GfK-Bevölkerungsstrukturdaten von 2017 beträgt der Anteil der Einpersonenhaushalte in Deutschland aktuell 38 Prozent.

Und das zunehmend allein: Laut der GfK-Bevölkerungsstrukturdaten von 2017 beträgt der Anteil der Einpersonenhaushalte in Deutschland aktuell 38 Prozent. In Großstädten wie Berlin (49 Prozent), München (50 Prozent) und Köln (49 Prozent) lebt in rund der Hälfte aller Haushalte nur eine Person. Die »Volkskrankheit Vereinsamung« kriecht weiter voran – mit weitreichenden Folgen für die psychische Gesundheit der Betroffenen. In der Studie »Sozialer Zusammenhalt in Deutschland 2017« der Bertelsmann Stiftung kommen die Experten zum wenig verblüffenden Schluss: »Dort, wo sich kohäsive Gemeinschaften bilden, sind die Menschen gesünder, glücklicher und zufriedener.« Es lohnt sich also, an dem Zusammenhalt der Menschen zu arbeiten. Und das nicht nur für mehr Wohlergehen des Einzelnen, sondern der Gesellschaft insgesamt.

Tag des güten Lebens in Köln-Ehrenfeld

Zusammenhalt in Gefahr

Dabei ist die Einschätzung von gesellschaftlichem Zusammenhalt nicht immer gleich: Laut Bertelsmann-Studie sind mehr als die Hälfte der Deutschen der Meinung, dass bundesweit der soziale Kitt bröckelt, während fast 70 Prozent gleichzeitig den Zusammenhalt auf lokaler Ebene als sehr gut oder gut einschätzen. Die Kennzeichen für eine zusammenhaltende Gesellschaft sind laut Studienleiter »belastbare soziale Beziehungen, eine positive emotionale Verbundenheit ihrer Mitglieder mit dem Gemeinwesen und eine ausgeprägte Gemeinwohlorientierung«.

Wir müssen am Erhalt und an der Wiederherstellung der Heterogenität von Nachbarschaften arbeiten.

Gemäß diverser Studien ist aber genau diese bedroht – insbesondere durch die immer größer werdende Lücke zwischen Arm und Reich sowie durch eine immer höhere kulturelle Diversität. Eine Studie des Wissenschaftszentrums Berlin für Sozialforschung (WZB) zeigt auf erschreckende Weise, wie sich unsere Städte zwischen 2005 und 2014 verändert haben. Zum einen leben arme Menschen zunehmend konzentriert in bestimmten Wohnvierteln, insbesondere in Ostdeutschland: In 36 deutschen Städten gibt es Quartiere, in denen mehr als die Hälfte der Kinder von Leistungen nach SGB II leben. Zum anderen gibt es die Tendenz, dass die Altersgruppen örtlich auseinanderdriften: Immer mehr 15- bis 29-Jährige rotten sich in Wohnvierteln zusammen, während andernorts fast ausschließlich Menschen über 65 Jahre leben.

Heißt im Umkehrschluss: Wir müssen am Erhalt und an der Wiederherstellung der Heterogenität von Nachbarschaften arbeiten, um der Spaltung der Gesellschaft entgegenzuwirken. Wenn sich Nachbarn quer durch alle Einkommens- und Altersschichten, unabhängig von Herkunft und Status miteinander vernetzen, entsteht ein Gemeinschaftsgefühl außerhalb der Filterblasen, in denen wir uns sonst bewegen.

Das gilt auch insbesondere für eine der größten Herausforderungen unserer Gesellschaft: die interkulturelle Verständigung und Integration von Menschen mit Migrationshintergrund. Nicht nur der Aufstieg der AfD hat gezeigt, wie stark die »Angst vor dem Fremden« vielerorts ist und wie schwierig es ist, diese Ängste und Vorurteile abzubauen. In der Bertelsmann-Studie geben in Deutschland insgesamt 22 Prozent der Befragten an, einen Ausländer oder Migranten ungern als Nachbarn haben zu wollen. Auch eine Umfrage des WDR zum Thema Nachbarschaft (2017) hat gezeigt, dass die meisten Befragten in Nordrhein-Westfalen sich Nachbarn wünschen, die ihnen möglichst ähnlich sind.

Das beste Gegenmittel gegen Angst vor dem Fremden ist der Kontakt.

Das beste Gegenmittel gegen Angst vor dem Fremden ist der Kontakt, denn »Begegnung schafft Vertrauen, weil sie dazu anleitet, die Menschen als Individuen zu sehen und Vorurteile, die jeder mit sich herumträgt, zu hinterfragen«, heißt es in der Bertelsmann-Studie. Hier auf der lokalen Ebene können wir tatsächlich die großen Fragen unserer Zeit angehen und Probleme lösen. Deswegen ist jede erfolgreiche Begegnung in der Nachbarschaft so wertvoll: Sie stärkt das Vertrauen in die Menschen von nebenan und die Identifikation mit dem Quartier. Jede positive Erfahrung öffnet die Tür für weitere, tiefer gehende soziale Interaktionen – und trägt dadurch zum gesellschaftlichen Zusammenhalt bei.

Raus aus der Anonymität

Hinzu kommt, dass in Zeiten von Beschleunigung und Globalisierung und dem damit verbundenen Gefühl der Entfremdung auch in den Metropolen die Sehnsucht nach Nähe wächst. Viele wollen heraus aus der Anonymität und hinein in ein aktives und erfüllendes Miteinander. Man mag zwar online mit der ganzen Welt vernetzt sein, aber fühlt sich dennoch – oder gerade deshalb – immer fremder im eigenen Umfeld. Und so wächst der Wunsch, in der direkten Umgebung wieder näher zusammenzurücken – offline oder online. Denn gemeinsam lebt es sich leichter. Egal, ob Familie oder Single, ob Jung oder Alt – mithilfe des direkten Umfelds lassen sich Dinge auf die Beine stellen, die dem Einzelnen und der Gemeinschaft mehr Lebensqualität ermöglichen. Gemeinsam können Nachbarn wieder mehr miteinander reden, sich aktiv einbringen und voneinander profitieren – und so ihr Viertel und letztlich unsere Gesellschaft selbst gestalten.

Im Gespräch mit ...

PROF. DR. THOMAS KLIE
vom Zentrum für gesellschaftliche Entwicklung

Gegenseitigkeit, Vertrauen, Sorge tragen – in Zeiten von Globalisierung und Digitalisierung werden diese grundlegenden Merkmale zwischenmenschlicher Verbindungen immer wichtiger. Prof. Dr. Klie ist überzeugt: Der Nachbarschaft kommt bei der Gestaltung der Zukunft eine entscheidende Rolle zu.

Welchen Beitrag kann Nachbarschaft leisten, um gesellschaftlichen Zusammenhalt positiv zu gestalten?
In einer globalisierten Welt gewinnen der Ort, an dem wir leben, und der örtliche Zusammenhalt an Bedeutung. Dabei sind Nachbarschaften heute nicht nur lokal, sondern durchaus auch digital: Menschen mit Migrationshintergrund leben nicht nur in ihrer Nachbarschaft vor Ort, sondern auch digital in der ihres Herkunftsort. Die lokale und globale Vernetzung wird wichtiger für die Lebensführung. Nachbarschaften können – gerade in einer sich dynamisch verändernden Welt – Zugehörigkeit und das subjektive Gefühl von Sicherheit vermitteln.

Was ist das Idealbild einer lebendigen Nachbarschaft?
Der Zentralwert von Nachbarschaften ist der der Gegenseitigkeit. In modernen Stadtgesellschaften gilt es, die Voraussetzungen für und das Vertrauen in die Gegenseitigkeit zu erhalten und zu schaffen. Das Idealbild einer lebendigen Nachbarschaft ist das einer Nachbarschaft, in der die Sorge um das eigene Wohlergehen notwendigerweise verbunden ist mit der Sorge um andere und den Ort insgesamt.

Welche Akteure sind dafür nötig, damit sie gelingt?
Akteure aus allen gesellschaftlichen Bereichen sind gefordert, ihren Beitrag zu einer lebendigen Nachbarschaft und dem gesellschaftlichen Zusammenhalt zu leisten: Staat, Markt, Familien und Freunde sowie die Zivilgesellschaft. Die Herausforderung besteht darin, der Exklusion vorzubeugen. Wie gelingt es, die Vielfalt der Stadtgesellschaft zu nutzen und attraktiv zu machen? Von der Beantwortung dieser Frage hängt der Erfolg ab.

»Nachbarschaften werden in einer sich dynamisch verändernden Welt eminent wichtig.«

Was können Politik und Wirtschaft für diesen Erfolg tun?
Voraussetzungen für gute Nachbarschaften werden durch intelligente Stadt- und Dorfentwicklungsprogramme geschaffen. Gerade für von besonderen Dynamiken erfasste Quartiere und Stadtviertel sowie Dörfer bedarf es flankierender Investitionen in die soziale Architektur, sei es durch Quartiersmanagement, durch sozialen Wohnungsbau oder durch öffentliche und allgemein nutzbare Räume, die Begegnungen eröffnen. Investorengetriebene Stadtentwicklung ist tödlich für lebendige Nachbarschaften mit dem Anspruch der sozialen Integration. Die Wirtschaft, die Wohnungsbaugesellschaften, die lokalen Unternehmen sind gefragt, ihre Verantwortung gegenüber dem Ort wahrzunehmen.

Kann die Bewegung von unten, also die Nachbarschaftsbewegung, zu einem systemischen Faktor werden?
In der Geschichte gab es immer wieder Nachbarschaftsbewegungen: In Berlin etwa Nachbarschaftshäuser in den Zwanzigerjahren um Siegmund-Schultze, in den USA Strategien der Gemeinwesenarbeit und des Community Organizing, von denen auch der ehemalige US-Präsident Obama geprägt wurde. Investitionen in Nachbarschaften kennzeichnen die Programme der Sozialen Stadt: Dort wo die Bedingungen guten Lebens gefährdet sind, wo der örtliche Zusammenhalt nicht mehr funktioniert und die Heterogenität der örtlichen Bevölkerung das Zusammenleben schwierig macht – dort sollten die Investitionen in Nachbarschaften prägend sein für eine verantwortliche kommunale Stadtentwicklungspolitik.

2

DAS GROSSE KENNEN- LERNEN

Der erste Schritt ist ja bekanntermaßen der schwerste.
Warum sollte das beim Kennenlernen der Nachbarn anders sein?
Dieses Kapitel liefert dir Tipps und Tricks für eine unkomplizierte
erste Begegnung. Und wir verraten dir, warum gerade an dieser
Stelle digitale Werkzeuge dabei helfen können, das Eis zu brechen.

ONLINE EINFACH MAL ANKLINGELN

Du kannst es natürlich auf die »harte Tour« probieren: Einfach raus aus der eigenen Wohnung und ran an die Türen der Nachbarn, klingeln, quatschen – und schauen, was passiert. Oder du machst es dir einfacher und bedienst dich bei jemandem, der genau das bereits für dich gemacht hat.

Eigentlich sind es banale Dinge, aber wenn das zehntausendfach passiert, kann es gesellschafts-verändernde Wirkung haben.

Christian Vollmann (der Bruder einer der Autoren dieses Buches) zog Mitte 2013 ins hippe Berliner Scheunenviertel, wo er niemanden kannte. In den USA hatte er ein Jahr zuvor bereits Plattformen kennen-gelernt, die das Prinzip der digitalen Nachbarschaftsvernetzung aus-probierten. Aber ob das, was in den USA funktionierte, auch die doch etwas scheueren Deutschen wollten? Der Internetprofi machte den Test: Er klingelte bei seinen Nachbarn, stellte sich vor und erzählte von seiner Idee, sich in der Straße besser zu vernetzen. 19 der 20 Nachbarn gaben ihm ihre E-Mail-Adressen und schon kurz darauf setzte er ein kleines Netzwerk für seine Straße auf. Es war der Anfang. Der Anfang von etwas wirklich Großem.

Heute ist nebenan.de die erfolgreichste Nachbarschaftsplattform Kontinentaleuropas. Über eine Million aktive Nutzer haben sich in mehr als 7.000 Nachbarschaften deutschlandweit zusammengefunden

(Stand: September 2018). Tendenz: rasant steigend. Nachbarn können sich über die Website oder die App miteinander verbinden. »Eigentlich sind es banale Dinge, aber wenn das zehntausendfach passiert, kann es gesellschaftsverändernde Wirkung haben. Nach dem Motto: Hört auf zu nörgeln und immerzu Angst zu haben, und fangt an, etwas zu tun. Jeden Tag eine gute Tat, wie bei den Pfadfindern«, sagt Christian Vollmann dem ZEIT Magazin.

Das Prinzip ist denkbar einfach: Anwohner registrieren sich mit Name und Adresse, und nach einem kurzen Verifizierungsvorgang tritt man seiner Onlinenachbarschaft auf nebenan.de bei oder eröffnet eine neue. Im Netz erfährt der Nutzer, was bereits alles in seinem Viertel läuft, wer sich dort tummelt und was passiert: Da suchen Menschen nach Gitarrenunterricht für die Kinder, nach einem Hundesitter für den Urlaub, nach einer Wohnung, nach Sängern zur Gründung eines Chors und und und. Veranstaltungen finden sich hier ebenso wie ein Marktplatz für gebrauchte Kühlschränke, Fahrradtaschen oder Bücher – es wird getauscht, verschenkt, verkauft und gesucht. Es gibt eigene Gruppen für gemeinsame Aktivitäten wie Doppelkopf-Spieleabende, Foodsharing und gemeinsam Fußball gucken. Mittlerweile treffen sich nebenan.de-Gruppen regelmäßig zum Austausch und Vernetzen – und sogar, um Freunde zu werden.

»Bei nebenan.de geht es darum, funktionierende Beziehungen zu Menschen aus der Umgebung aufzubauen«, erklärt Gründer Christian Vollmann. »Ohne Algorithmen und abseits der üblichen Filterblasen senken wir die Hürde für Begegnungen und nachbarschaftliche Hilfe. Die Vernetzung wirkt gegen die zunehmende Anonymisierung, gegen die Vereinsamung im Alter, aber auch gegen die Verschwendung von Ressourcen. Warum müssen in einer Straße mit 300 Haushalten 300 Bohrmaschinen existieren, wenn eine im Leben durchschnittlich nur 13 Minuten benutzt wird?« Recht hat er.

Bei nebenan.de geht es darum, funktionierende Beziehungen zu Menschen aus der Umgebung aufzubauen.

Die Spielregeln von nebenan.de

Damit auch alles friedlich abläuft,
haben die Macher von **nebenan.de** drei
wichtige Regeln aufgestellt, an die sich
die Mitglieder halten sollen:

✓ **Sei nett!**
Vergiss nicht, dass am anderen Ende
ein Mensch sitzt. Er ist es, mit dem
du kommunizierst. Schreibe nur, was du
im Zweifel deinen Mitmenschen auch ins
Gesicht sagen würdest.

✓ **Sei ehrlich!**
Auf nebenan.de agierst du mit deinem
echten Namen. Melde dich als Einzelperson an und lade am besten ein Profilbild
von dir hoch. Du möchtest sicher auch
wissen, mit wem du es zu tun hast.

✓ **Sei hilfsbereit!**
Es gibt viele Wege, wie du deinen
Nachbarn eine Hilfe sein kannst — biete
sie an. Beantworte an dich gerichtete
Fragen und mische dich ein, wenn es dem
Wohl der Nachbarschaft dient.

Dem ist eigentlich nichts hinzuzufügen. Außer vielleicht ein paar Sätze aus dem Selbstversuch der Berliner Autorin Jana Petersen, die sie im Magazin Wired veröffentlicht hat. Dort schreibt sie: »Die Plattform scheint die Sehnsucht zu befriedigen, nicht anonym nebeneinander her zu leben, ohne aufdringlich zu sein. Einfach so zu helfen, in einer kommerzialisierten Welt. Verbindungen zu stärken.« Und als Fazit: »Genau genommen habe ich jetzt Lust, den Rest meines Lebens in meinem Viertel zu verbringen. Es wird hundertprozentig nicht langweilig. Es ist, als sei die Liebe wieder zurückgekommen in eine lange Beziehung, die beinahe schon gestorben war.«

Tag der Nachbarn in Berlin

Im Gespräch mit ...

THOMAS MAMPEL

Vorstand des Verbands für sozial-kulturelle Arbeit und Geschäftsführer des Stadtteilzentrums Berlin-Steglitz

Die Digitalisierung verändert unsere gesamte Gesellschaft und auch die Sozialarbeit erfährt derzeit einen tief greifenden Wandel. Ein Gespräch über Chancen und Risiken.

Herr Mampel, Sie arbeiten vor allem daran, Nachbarschaft mithilfe digitaler Tools zu aktivieren. Welche sind das und wie sieht das konkret aus?

Zum einen nutzen wir die Möglichkeiten der verschiedenen sozialen Netzwerke. In der Hochphase der sogenannten Flüchtlingswelle war zum Beispiel Facebook für uns wichtig, um Initiativen und Aktionen zu organisieren. Bürger wollten sich für geflüchtete Menschen engagieren, sei es durch ehrenamtliche Mitarbeit in Notunterkünften oder durch Sach- und Geldspenden – wir kannten Bedarfe und Nöte der Geflüchteten und hatten eine funktionierende Organisationsinfrastruktur. So konnten wir zwischen »Angebot und Nachfrage« vermitteln. Weitere wichtige Tools waren unser Blog steglitzhilft.de und das Portal des Netzwerks »Berlin hilft« (berlin-hilft.com). ie ungeheure positive Dynamik und der Erfolg wären ohne die Hilfe digitaler Werkzeuge in dieser Form nicht möglich gewesen.

Welche Veränderungen sehen Sie, seitdem Sie diese Werkzeuge nutzen?

Wir beobachten, dass es den Menschen dank dieser Werkzeuge noch besser möglich ist, sich selbst zu organisieren und selbst aktiv zu werden. Es braucht nicht mehr zwingend die Profis, die einen entsprechenden Rahmen zur Verfügung stellen – die Leute schaffen sich den Rahmen selbst durch Facebook-Gruppen und Communities oder durch Nachbarschaften auf nebenan.de.

*»Der Handlungsraum sozialer Arbeit erweitert
sich um den digitalen Raum.«*

Wie verändert das Digitale die Sozialarbeit?

Sozialarbeit muss immer da präsent sein, wo die Menschen sind.
Und da immer mehr Nachbarn im digitalen Raum unterwegs sind mit
all ihren Problemen, Anliegen, Zielen und Fähigkeiten muss Sozialarbeit auch dort sichtbar und erreichbar sein. Sehr vielversprechende
Erfahrungen mit einer Onlineberatung macht zum Beispiel das Angebot jugendnotmail.de. Sozialarbeiter werden künftig verstärkt mode-
rierend und beratend in Selbsthilfeforen und/oder Facebook-Gruppen
aktiv sein. Der Handlungsraum sozialer Arbeit erweitert sich um den
digitalen Raum.

**Welchen Stellenwert messen Sie dem Digitalen für die Arbeit
von Statteilzentren in Zukunft bei?**

Der Austausch zwischen Stadtteilzentrum und Nachbarn wird im
digitalen Raum lebendiger – es ist ein Austausch und keine »Ein-
weg-Kommunikation«. Wir erreichen Menschen im Netz, die noch
nicht den Weg zu uns ins Nachbarschaftshaus gefunden haben.
Vieles lässt sich im digitalen Raum organisieren und gestalten –
am Ende aller Tage wollen sich Menschen aber dann doch immer
wieder »Face-to-Face« begegnen. Hierfür braucht es dann Raum und
Rahmen – den können Stadtteilzentren und Nachbarschaftshäuser
wohnortnah und niedrigschwellig bieten.

**Der nächste Hype wird Virtual Reality (VR) sein. Was könnte sie
leisten für Ihre Arbeit?**

VR bietet viele weitere Möglichkeiten, digitale Räume zu gestalten
und vor allem für Menschen nutzbar und erlebbar zu machen, die aus
verschiedensten Gründen nicht an analogen Angeboten teilnehmen
können oder wollen. Wie sich das alles entwickeln wird, können wir im
Moment nur erahnen. Es birgt auch Risiken. VR könnte dazu beitragen,
dass Menschen sich noch stärker in digitale Welten zurückziehen und
sich von der realen Welt und den Menschen in ihr entfernen und ent-
fremden. Aufgabe von Stadtteilzentren muss es hier sein, zwischen
diesen Welten zu vermitteln und Menschen darin zu unterstützen, in
beiden Welten gut klarzukommen.

FACE TO FACE

Beginnen wir einmal so. Wer es nicht so sehr mit dem Digitalen hat, der kann natürlich auch ganz andere, direkte Wege gehen. Dabei kann es nicht schaden zu wissen, warum Nachbarn so wenig Kontakt miteinander haben. Dies sind laut einer Studie von FragNebenan aus Österreich die fünf häufigsten Gründe:

1 **Man trifft sich selten zufällig.**
Ob auf der Straße, im Garten oder im Gang – 70 Prozent* der Befragten sehen ihre Nachbarn nur selten.

2 **Es ergibt sich einfach kein Kontakt.**
In der Nachbarschaft leben wie auf einer einsamen Insel? 62 Prozent* der Menschen, die wenig Kontakt mit ihren Nachbarn haben, geht es so.

3 **Wir befinden uns in unterschiedlichen Lebenssituationen.**
Familie mit Kind, Frührentner, Studenten, Singles, Alleinerziehende – 59 Prozent* geben an, dass sie durch die verschiedenen Lebenssituationen nicht zu einem Miteinander finden. Schade eigentlich, denn verschiedene Perspektiven können bereichern.

4 **Ich will meine Nachbarn nicht stören.**
Eigentlich bräuchte man noch ein Ei für den Kuchen, aber am Abend anklopfen bei dem unbekannten Nachbarn? Dann lieber zwei Stationen zum Geschäft fahren, das noch so lange offen hat. 57 Prozent* haben Angst, die Nachbarn zu stören.

5 **Ich habe keine Zeit dafür.**
53 Prozent* sind viel beschäftigt und haben das Gefühl, keine Kapazität für Kontakte in der Nachbarschaft zu haben. Wie gut: Ein freundliches Hallo oder Guten Tag im Vorbeigehen frisst keine Zeit.

Den beiden ersten Gründen lässt sich mit ein paar Ratschlägen und ein wenig Engagement schnell beikommen.

* von den 19 Prozent, die angegeben haben, keinen oder wenig Kontakt mit ihren Nachbarn zu haben

Tag der Nachbarn in Berlin

Zettel aushängen

Erstelle einen einfachen, freundlichen Flyer und hänge ihn im Treppenhaus gut sichtbar aus oder wirf ihn einfach in die Briefkästen, auch
wenn das einige deiner Nachbarn vielleicht als aufdringlich empfinden
– ablehnen darf ja schließlich jeder. Lade darin zu einem Kennenlernen
zu dir nach Hause ein, zu einem gemeinsamen Schnupper-Spaziergang
im Park oder ein gemeinsames Essen im Restaurant. Du wirst sehen:
Dein Engagement wird mit reger Teilnahme belohnt.

Käffchen?

Wer es auf die direkte Art versucht, indem er einfach an jeder Tür
klingelt oder klopft, muss Folgendes bedenken: Menschen fühlen sich
bei direkter Ansprache oft ein wenig überrumpelt, da heißt es Finger-
spitzengefühl beweisen und nicht zu aufdringlich sein. Vielleicht
nimmst du ein paar selbst gebackene Kekse mit oder eine Blume als
Entrée – Inspiration findest du in Stephanie Quitterers Buch »Haus-
besuche – Wie ich mit 200 Kuchen meine Nachbarschaft eroberte«
(Knaus Verlag). Sie hat den Selbstversuch gestartet und sich getraut:
Bei Wildfremden klingeln, mit einem Kuchen in der Hand, lächelnd
um Einlass bitten – nur um sich kennenzulernen und ein wenig zu

quatschen. In ihrem Buch schreibt sie über ihre Erfahrungen damit und regt zum Nachmachen an. Wer kann schon widerstehen, wenn jemand mit Käsekuchen und einem Korb mit Kaffee, Milch, Zucker, Tee und Kakao vor der Tür steht und nett zum spontanen Kaffeekränzchen bittet?

Ganz ohne Risiko allerdings ist das nicht. Aber lassen wir sie selbst sprechen: »Das eine oder andere Nein an den Wohnungstüren muss man schon vertragen können. Außerdem die Gefahr des Angepöbelt- oder Angeschrien- oder Ausgelachtwerdens (relativ gering) sowie die Gefahr, dass jemand nackt öffnet (schon höher). Oder, dass aus einem Hausbesuch eine Freundschaft wird (hoch).«

Wem bei dieser direkten Methode nicht ganz wohl zumute ist, der kann auch auf einem anderen Weg die Nachbarn bei Kaffee und Kuchen kennenlernen – wie das zum Beispiel das Team von **Auf halber Treppe** in Berlin umsetzt (bei Druck dieses Buches befand sich die Aktion allerdings im »Dornröschenschlaf«, wie die Macher es auf ihrer Website nannten). Dabei handelt es sich um ein wanderndes Treppencafé, das auf Anfrage in die Treppenhäuser der Hauptstadt kommt und sie für einen Tag in ein Café verwandelt. Die Organisatoren bringen Stühle und Tische mit, Kissen und Decken, Blumen und Musik, Kaffee, und Kuchen. So können sich die Anwohner in lockerer Atmosphäre kennenlernen und sich austauschen – natürlich auch über die Situation im Haus und was man zum Beispiel besser machen kann. Und das Beste ist: Das Angebot ist aufgrund von Spenden kostenlos. Selbst wenn »Auf halber Treppe« nicht mehr aus seinem Dornröschenschlaf erwachen sollte: Für den einen oder anderen ist es vielleicht eine gute Idee, die man selber umsetzen kann. Also: Wachküssen erlaubt!

Wer kann schon widerstehen, wenn jemand mit Kuchen und Kaffee vor der Tür steht?

Eine gemeinsame Aktion als Einstieg

Apropos Kekse und Kuchen: Man kann eine Einladung in die eigenen vier Wände auch mit einer kleinen Aktion verbinden. Wie wäre es, wenn sich alle zum Weihnachtskeks-Tausch – wenn es zeitlich gerade passt – verabreden. Oft ist es doch so: Man hat die immer selben Plätzchen auf dem Weihnachtsteller, da wäre ein wenig geschmackliche Abwechslung doch gar nicht schlecht. Und man hat ja nicht immer Zeit oder Lust, verschiedene Sorten zu backen. Das leckere Tauschprogramm könnte dann so aussehen:

Schreibe deinem Nachbarn, was du gerne backst, gerne auch mit ein paar Fotos, das macht gleich Appetit. Sofern du Vorlieben hast, kannst du das natürlich auch gleich mitliefern. Etwa so: »Ich habe eine Menge Nussecken und Lebkuchen bei mir in der Küche. Gerne würde ich gegen andere Kekse tauschen, am liebsten gegen Schweineohren und Adventshupferl. Wenn die gerade bei euch nicht im Ofen sind, lasse ich mich aber auch gerne überraschen.«

Und dann: Warten, bis sich jemand meldet. Sobald jemand wie auch immer anklopft, kannst du den Tausch natürlich auch erweitern: Vielleicht haben beide Bäcker Lust, gemeinsam einen Tee oder Kaffee oder Weihnachtspunsch zu trinken und ein bisschen zu plaudern.

Ehe man sich versieht, ist man tief in einem hoffentlich netten Gespräch. Und wenn es besonders gut läuft und vor allem schmeckt, kannst du den Nachbarn bestimmt ums Rezept bitten.

Ehe man sich versieht, ist man tief in einem netten Gespräch.

Der Klassiker: Brot & Salz

Wer neu in eine Wohnung zieht, dem ist das vielleicht schon einmal zuteilgeworden: Noch während man tief in den Kisten nach den verflixten Gläsern sucht, stehen die Nachbarn vor der Tür mit einem Laib Brot und einem Fässchen Salz. Eine Tradition, die auf die alten Römer zurückgeht: Salz war damals ein so rares und daher wertvolles Gut, dass die Legionäre mitunter das Gewürz statt Münzen als Sold bekamen. Es steht also für Wohlstand, den der Gebende dem Beschenkten wünscht. Das Brot dazu dürfte aus der christlichen Tradition überliefert sein (»Unser tägliches Brot gib uns heute ...«) und steht für den Wunsch, dass der Beschenkte allzeit genügend Essen im Haus habe und damit gesund bleiben möge.

Für dich kann das die perfekte Steilvorlage für einen ersten Kontakt sein. Vielleicht backst du sogar selbst ein Brot – das dürfte die Wahrscheinlichkeit, dass du hineingebeten wirst, zumindest nicht verringern. Es sei denn, dass noch zu viele Kisten im Weg stehen.

Helfende Hände

Dass Klingeln oftmals der einfachste und schnellste Weg ist, die Nachbarn kennenzulernen, dürfte klar sein. Aber wenn man keine Lust auf Kaffee und Kuchen hat, gibt es noch eine niedrigschwellige Art und Weise der Kontaktaufnahme. Du kannst einfach deine Hilfe anbieten, zum Beispiel für die ganz alltäglichen Dinge des Alltags. Mach deinen Nachbarn Mut, sich bei dir zu melden, wenn zum Beispiel der Zucker aus ist oder man ein Ei braucht. Oder dass du immer gerne die Päckchen für sie annimmst oder auch die Pflanzen gießt, wenn er oder sie im Urlaub ist. Du wirst sehen: Dazu sagt niemand Nein – und wenn es gut läuft, können die unverbindlichen Hilfsangebote der Beginn einer langen Nachbarschaftsfreundschaft sein.

Kommt zu Tisch!

Besonders beliebt – insbesondere bei den Gästen – ist es natürlich, zu einem gemeinsamen Kochabend einzuladen. Alle rein in die Bude, gemeinsam schnippeln, schälen, schmecken. Bei allem Spaß ist das aber auch ein kostspieliges Unterfangen und man bleibt in seinem

Syrischer Kochkurs organisiert von
»Über den Tellerrand« Berlin

Haus und seiner Wohnung. Klug wäre es da vielleicht, beizeiten den Nachbarn per Wink mit dem Zaunpfahl ganz unterschwellig zu verstehen zu geben, dass man sich über eine Gegeneinladung freuen würde. Zumindest wenn man die Nachbarn mag.

Aber das geht auch anders. Und **Auf Haxe** macht es vor. Das Prinzip: Es gibt ein Drei-Gänge-Dinner an drei verschiedenen Orten mit fremden Menschen, bevorzugt in der Nachbarschaft. Und das funktioniert so: Auf der Website können sich Teams ab zwei Personen für einen Dinnerabend anmelden. Jedes Team kocht einen Gang bei sich zu Hause für zwei andere Teams und geht dann für die anderen zwei Gänge zu zwei weiteren Teams. Kalorienabbau en passant sozusagen. Wer wann wo was kochen muss und sein muss, bekommen die Haxen-Fans einen Tag vor dem Dinner per Mail mitgeteilt. Wenn am Ende alle satt sind, treffen sie sich zur Nachtischparty mit Tanz und »Haxen schwingen«.

Geld fließt keines, dafür aber meistens eine Menge Bier oder Wein, wenn man der Website Glauben schenken darf. Und es klingt danach, als würde nicht nur Liebe durch den Magen gehen, sondern auch gute Nachbarschaft. Sehr zu empfehlen! Bisher gibt es das Angebot in über dreißig Städten in Deutschland, Österreich und der Schweiz. Mit anderen Worten: Wenn es das in deiner Stadt noch nicht geben sollte, gründe einfach selbst eine Gruppe. Mehr Informationen findest du unter aufhaxe.de.

Zum Nachkochen

Jumpingdinner hat das Prinzip auf kommerzielle Beine gestellt: Für 26 Euro kann man das Nachbarschafts-Drei-Gänge-Menü buchen. Allerdings ist das Angebot derzeit auf neun Städte begrenzt. (**jumpingdinner.de**)

Bei **rudirockt** ist hingegen nur eine Anmeldung nötig. Hier sind gleichzeitig diverse Kochteams in der Stadt unterwegs, am Abend treffen sich alle zur After-Dinner-Party (**rudirockt.de**). Eigens für Berlin-Neukölln gibt es nach dem gleichen Prinzip **Nachbars Tisch.** (**nachbars-tisch.de**)

Einen anderen Schwerpunkt haben **Welcome Dinner** und **Über den Tellerrand:** Einheimische werden mit Menschen aus anderen Ländern oder Geflüchteten zum gemeinsamen Dinner verbunden. Wer also Lust hat, andere Kulturen kennenzulernen, kann sich dort anmelden und ein Matching-Team verbindet dich mit Menschen aus fernen Ländern, die bei dir um die Ecke wohnen. (**welcome-dinner.de** und **ueberdentellerrand.org**)

Die Nachbarschaftsinitiative **Ein Teller Heimat** im Münchner Westend wiederum organisiert einmal im Monat ein großes Essen zwischen Einheimischen und Menschen aus anderen Nationen. Dabei bekocht immer ein Team aus einem Land die Gäste mit Leckereien aus der jeweiligen Heimat. Übrigens: Ein Teller Heimat ist Landessieger Bayern beim Deutschen Nachbarschaftspreis 2017.

Feste feiern

Feste sind immer gut, allein ihre Ankündigung versetzt die meisten in Vorfreude. An manchen Orten in der Stadt ist zum Beispiel das Hoffest zu einem jährlichen Ritual geworden, bei dem alle Bewohner des Hauses sich »unten im Hof« treffen, um ihre Gemeinschaft zu feiern. Stühle und Bänke stellen die Anwohner selbst zur Verfügung, auf dem Grill brutzeln Würste und im Kühlschrank der Wohnung im Erdgeschoss stehen die Getränke. Jeder bringt sein eigenes Geschirr mit – fertig.

Doch so ein Hoffest fällt nicht einfach vom Himmel. Wie bei jedem Projekt muss es einen oder zwei Anwohner geben, die die Organisation in die Hand nehmen. Unsere To-do-Liste verhilft dir zu einem gelungenen Abend mit den Nachbarn unter freiem Himmel.

1 **Terminfindung**

Die kann am einfachsten per Mail oder Doodle-Umfrage erfolgen – aber natürlich auch über nebenan.de. Wenn du der Initiator bist, kündigst du dein Vorhaben vielleicht auch mit einer Einladungskarte an, die du in die Briefkästen wirfst und in der du – wenn du magst – um Mitstreiter bittest. Der Termin mit den meisten »Passt's« hat gewonnen.

2 **Bedarfsliste**

Alles, was du brauchst, packst du einfach auf eine Liste: Wer hat Sitzgelegenheiten und kann sie mitbringen? Wer hat einen Grill? Wer macht einen Salat oder Kuchen? Wer sorgt für Musik? Auch hier hilft das Netz: Schick die Liste in die Runde mit der Bitte, dass die Anwohner sich eintragen und zurückschicken.

Tag der Nachbarn in Dresden

3 Kosten

Achte darauf, dass sich die Kosten gleichmäßig verteilen. Wenn du die komplette Organisation in die Hand nehmen willst, kannst du natürlich auch von jedem einen Betrag X einfordern, um die Besorgungen zu bestreiten. Das sehen sicher nicht wenige Anwohner äußerst gerne.

4 Erinnerung verschicken

Projektmanager kennen das: Versende gerne eine kurze Erinnerungs-mail etwa eine Woche vor dem Fest und sammle die letzten offenen Fragen ein, die es noch zu klären gilt.

5 Feiern

Es gibt schon eine Menge Nachbarschaften, die das Prinzip Hoffest mit hoher Professionalität betreiben – zum Beispiel die Anwohner des Gleimviertels in Prenzlauer Berg in Berlin. Seit zehn Jahren organi-sieren sie jedes Jahr im September die Aktion **Nachbars Braten**, bei der sie nicht nur eine Menge Spaß haben, sondern sich auch ein wenig selbst feiern. Denn der Ursprung liegt im Widerstand, wenn man so will: Die Anwohner widersetzten sich 2003, als ihre Straßen wegen des Neubaus eines Supermarktes nicht mehr verkehrs-beruhigt sein sollte – mit Erfolg. Als dann auch noch Bäume gefällt werden sollten, protestierten sie beim Bezirk Pankow ebenso erfolg-reich. Zwar wurden die kranken Bäume trotzdem gefällt, aber immer-hin retteten sie die gesunden und pflanzten sogar neue Bäume. Der Erfolg hat die Gemeinschaft gestärkt. Das alljährliche Fest ist somit auch ein wiederkehrendes Signal für gelungenes bürgerschaft-liches Engagement und ein Beweis dafür, dass Nachbarn ihr Umfeld gestalten können.

Wer nach einem Anlass für ein Fest sucht, kann sich dem **Tag der Nachbarn** anschließen. Seit 2004 wird jährlich am letzten Freitag im Mai der »Europäische Tag der Nachbarn« ausgerufen. Pionier ist die »Fête des Voisins« in Frankreich, das »Fest der Nachbarn«, die erstmals 1999 stattfand. Die Briten haben daraus »The Big Lunch« initiiert, bei dem sich an einem Sonntag im Juni die Nachbarn zum Mittagessen treffen; die Niederländer kommen am »Burendag« bei einer Tasse Kaffee an einem Tag im September mit den Nachbarn zusammen. Insgesamt haben 2016 insgesamt 30 Millionen Men-schen in 36 Staaten, auch über Europas Grenzen hinaus, den Nach-barschaftstag gefeiert.

Tag der Nachbarn in Dresden

Eine gute Voraussetzung also, den Tag auch in Deutschland zu einem Erfolg zu machen. Und so hat die nebenan.de Stiftung am 25. Mai 2018 erstmals den »Tag der Nachbarn« in Deutschland in die Hand genommen und Nachbarn bei der Organisation ihres Festes unterstützt, zum Beispiel mit der Mitmach-Box. Gefördert wird das Ganze vom Bundesministerium für Familie, Senioren, Frauen und Jugend. Mehr als tausend Feste wurden an diesem Tag in den Nachbarschaften gefeiert. Und das Tolle daran: Jeder kann mitmachen – in welcher Form auch immer: Lege die Picknickdecke in deinen Garten und lade die Hausbewohner ein. Stelle eine Bank auf den Gehweg und hole andere dazu. Pack den Grill in den Hof und wir sind sicher, dass spätestens, wenn die erste Wurst auf dem Rost liegt, man keine weitere Einladung mehr braucht. Alle Infos dazu findest du auf tagdernachbarn.de.

Wer selber ein Straßenfest auf die Beine stellen will, den wollen wir motivieren – und warnen. Das ist ein richtig dickes Brett. Wer den Aufwand trotzdem nicht scheut, kann auf Seite 99ff. dieses Buchs nachschlagen und sich ein paar Tipps abholen oder sich im Handbuch »Deine Straße. Dein Leben. Dein Fest. – ein Handbuch für neue Straßenfeste«, das die nebenan.de Stiftung gemeinsam mit dem Trägerverein von »Tag des guten Lebens« in Köln (Agora) herausgegeben hat, informieren (Link siehe Seite 170). Gutes Gelingen!

Gute Anlässe für Nachbarschaftsfeste

✔ **Mescheder Tag der Nachbarschaften:**
Seit 2013 veranstaltet die Sauerländer
Gemeinde den Aktionstag, um neue Impulse
für eine lebendige Nachbarschaft zu
setzen.
Mehr unter **tag-der-nachbarschaften.de**

✔ **Tag des guten Lebens:**
Ebenfalls seit 2013 begehen die Anwohner
immer eines anderen Kölner Veedels den
»Tag des guten Lebens«. Nachbarn und
Vereine gestalten ihren Stadtteil einen
Tag lang so, wie sie mögen:
tagdesgutenlebens.de

✔ **Tag der offenen Gesellschaft:**
An jedem dritten Samstag im Juni setzen
sich überall im Land Menschen an Tische
und auf Decken, um ein Zeichen zu setzen
für Demokratie, Offenheit, Gastfreundschaft, Vielfalt und Freiheit.
die-offene-gesellschaft.de

✔ **Tag der Nachbarn:**
Jeden letzten Freitag im Mai findet der
»Europäische Tag der Nachbarn« statt.
In Deutschland koordiniert die nebenan.de
Stiftung diesen Tag.
tagdernachbarn.de

Im Gespräch mit ...

MARTIN HERRNDORF
von der Bürgerinitiative Agora Köln

Die Bürgerinitiative Agora Köln organisiert seit 2013 mit dem »Tag des guten Lebens« an einem Tag im Jahr ein großes Fest immer in einem anderen Viertel der Rhein-metropole, zu dem Zehntausende Menschen kommen. Martin Herrndorf ist einer der Organisatoren.

Herr Herrndorf, mit dem »Tag des guten Lebens« haben Sie in kürzester Zeit eine Kölner Institution geschaffen. Wie konnte das in wenigen Jahren gelingen?
Mit einem breiten Netzwerk, einer klaren Vision und viel Detailarbeit. Wir reden nicht nur darüber, dass sich was ändern sollte, sondern zeigen ganz konkret und im öffentlichen Raum auf, wie das aussehen kann, wie sich das anfühlt, anhört, schmeckt, riecht.

Was war die Motivation, solch einen Tag auszurichten?
Es ging darum, breit etwas in Köln zu verändern. Endlich vor Ort eine gute Antwort auf den Klimawandel zu finden, die Viertel lebens-werter zu machen, Menschen auf eine neue Art zusammenzubringen. Eigentlich die klassische Nachhaltigkeitsagenda – aber mit einem sehr lokalen Fokus und der Idee, dass man die Dinge gemeinsam erforschen und erleben muss.

Nach welchen Kriterien suchen Sie die Veedel* aus?
Am Anfang war dies eher zufällig – nach Ehrenfeld wurden wir von der Lokalpolitik eingeladen. Jetzt suchen wir frühzeitig den Dialog, es entscheidet final das Agora-Netzwerk. Wir suchen heterogene Viertel, mit bestehenden Netzwerken und politischen Entscheidun-gen, die anstehen. Das Agnes- und Eigelsteinviertel für 2018 zum Beispiel verbindet all das wunderbar – eine bunte Mischung an Menschen, engagierten Partnern und der Ebertplatz als Politikum.

* kölsches Wort für »Viertel«

»Den Wandel vor Ort ausprobieren.«

Wie organisieren Sie solch ein Mammutereignis?
Wir arbeiten mit verschiedenen Ämtern der Stadt seit Jahren eng zusammen – dazu mit der Stiftung Umwelt und Entwicklung Nordrhein-Westfalen, unseren sozial-ökologischen Sponsoren, unserer Verkehrssicherungs-Agentur und hunderten Ehrenamtlichen, die am »Tag des guten Lebens« Verantwortung übernehmen.

Welche Rückmeldungen erreichen Sie?
Wir bekommen tolle Rückmeldungen von Besuchern und den Anwohnern – viele haben ihre Stadt und ihre Nachbarschaft komplett neu erlebt. Da gibt es Tausende kleine, aber wunderschöne Geschichten und Erlebnisse. Politik und Verwaltung unterstützen den Tag seit Jahren. Alle wissen ja, dass sich etwas ändern muss, und freuen sich, wenn wir als Bürgerinitiative für Wandel werben – für neue Mobilität in der Stadt, für eine bewusstere Ernährung, für ein neues Miteinander.
Es gibt aber natürlich auch Kritik, Menschen, die nicht möchten, dass sich in ihrem Viertel zu viel ändert, die beispielsweise sehr am Auto hängen. Wir versuchen, auf alle einzugehen und sie dazu einzuladen, sich auf den »Tag des guten Lebens« einzulassen.

Warum ist solch ein Event wichtig für die Gesellschaft?
In einer Großstadt wie Köln sind die Veedel immer im Wandel, da muss auch gesellschaftlicher Zusammenhalt immer wieder neu gestaltet und erlernt werden, müssen Regeln für das Zusammenleben neu ausgehandelt werden. Und wenn wir auf den Klimawandel und andere Herausforderungen reagieren wollen, brauchen wir Foren, wo wir den Wandel auch vor Ort ausprobieren können.

Welche Pläne schmieden Sie für die Zukunft?
Wir versuchen, politisch in Köln mehr zu bewegen – zum Beispiel für den Radverkehr, für mehr Bürgerbeteiligung und mehr Engagement. Auch der Austausch mit Aktiven aus anderen Städten steht an, wir bekommen viele Anfragen und freuen uns immer, unsere Erfahrungen teilen zu können!

3

BELEBE DEIN VIERTEL

Wie werden aus Menschen, die zufällig im selben Viertel leben, echte Nachbarn? Richtig, durch persönlichen Kontakt. Du hast Lust, den Austausch in deiner Nachbarschaft zu verbessern? Dann haben wir hier viele Ideen für dich. Vieles davon ist als Einzelperson leicht umsetzbar, manches davon sollte man besser im Team starten. Was allen Aktivitäten gemein ist: Sie stärken den Zusammenhalt.

NACHBARSCHAFTS-HILFE

Ist die erste Hürde des Kennenlernens genommen und damit eine gute Vertrauensbasis gelegt, kannst du die zweite Stufe zünden. Das heißt nichts anderes, als Nachbarschaft tatsächlich zu leben und zu gestalten. Denn die Ressourcen der Menschen um dich herum sind schier unerschöpflich und können das Leben aller nicht nur einfacher machen, sondern auch bereichern. Und was im Kleinen wächst, kann überall im Land zu kräftigen Pflanzen werden, die unsere Gesellschaft insgesamt mit einem neuen Impuls des Miteinanders bunter machen. Eine besonders schöne Blüte ist dabei die gegenseitige Hilfe. Dafür gibt es eine Menge guter Beispiele.

Kind und Kegel

Wer mit Kindern kennt das nicht? Die Großeltern oder Geschwister wohnen übers Land verstreut; dabei wären sie qua Familienbande die ersten Ansprechpartner, wenn es um die Hilfe für die Kleinen geht. Seitdem die Großfamilie ausgestorben ist, braucht es daher einen guten Ersatz – warum also nicht das nächste Umfeld um Hilfe bitten, wenn es mal mit der Kinder-Logistik schwierig wird.

Solange die Kinder noch sehr klein sind, lassen Eltern sie zumeist nur ungern allein. Aber sobald sie ein oder zwei Jahre alt sind und einigermaßen verlässlich ein- und durchschlafen, kann man schon einmal Dritte die Brut hüten lassen, damit Mama und Papa auch mal wieder einen Abend für sich haben. Frag also herum, wer dafür bereitsteht, dann und wann einen Abend den Aufpasser zu spielen – und biete gerne im Gegenzug Gleiches oder Ähnliches an: Ältere Mitbewohner freuen sich bestimmt, wenn ihnen jemand bei Bedarf handwerklich unter die Arme greift. Und auch jüngere Nachbarn stehen sicher bereit, wenn sie dafür einen kleinen Zuschuss fürs Taschengeld erhalten – denn ab 13 oder 14 Jahren können Jugendliche schon verlässliche Babysitter sein.

Viele Jugendlichen sind aber auch gerne Nachhilfelehrer. Wenn es in den ersten Schulklassen mal nicht so optimal für die eigenen Kinder läuft, stehen Jugendliche gerne gegen ein kleines Entgelt auf der Matte, um die Fläche eines Kreises zu berechnen oder Vokabeln abzufragen. Was nicht heißt, dass nicht auch Ältere hier gerne helfen können.

Gleiches gilt auch für das Lernen eines Instruments. Das fällt Jungen und Mädchen umso leichter, je kürzer die Wege und vertrauter die Gesichter sind. Vielleicht gibt es im Umfeld Gitarren- oder Klavierspieler, die ihr Know-how gerne weitergeben möchten oder auch »nur« als

Begleiter eines professionellen Musikunterrichts bereitstehen. Und wer weiß, ob es nicht sogar Nachbarn gibt, die einen passenden Keller haben, in dem der Filius sich die Hände wund trommeln darf – was in der eigenen Wohnung nur schwerlich möglich wäre.

Die Liste der Hilfen bezüglich des Nachwuchses lässt sich noch endlos fortsetzen – und es muss ja nicht gleich immer mit Kompetenzen zu tun haben. Schon das Organisieren von Bring- und Holdiensten von Fußballtraining oder Kindergarten lässt sich in der Gemeinschaft viel besser meistern als allein. Apropos allein: Vor allem für Alleinerziehende kann die Nachbarschaft eine große Hilfe sein, denn gerade sie sind einer doppelten Belastung ausgesetzt – und könnten doppelt von einem funktionierenden Umfeld profitieren.

Die digitale Welle reiten

Für viele unter uns ist die digitale Welt mittlerweile so real, dass ein Leben auf Internetentzug kaum noch vorstellbar ist. Aber glaub uns: Es ging ein paar Tausend Jahre auch ganz gut ohne. Und trotzdem hat das Internet natürlich seine guten Seiten. Umso wichtiger ist es gerade für junge Menschen, die virtuelle Welt zu erobern. Damit genau das aber nicht unkontrolliert passiert, gibt es eine Menge Menschen da draußen, die sich wirklich sehr gut mit Snapchat, Instagram und Co. auskennen.

Warum also nicht in der Nachbarschaft herumfragen, ob ein Profi Lust darauf hat, aus »Digital Naiven« neue »Digital Experts« zu machen. Insbesondere die Jugendlichen wären sicher interessiert – und ihre mitunter in diesem Punkt überforderten Eltern dankbar.

Doch nicht nur die Jüngeren freuen sich über eine helfende Hand. Wer in der Diskussion um die Digitalisierung der Gesellschaft gerne vergessen wird, sind die Älteren. Auch für sie ist das Netz eine ungeheure Chance, Teil der Gesellschaft zu bleiben und sich eine Welt zu erschließen, die sie auch bequem vom Sofa aus besuchen können – inklusive ihr unmittelbares Umfeld. Denn gerade für Senioren ist die Verbindung mit den Nachbarn extrem wertvoll, etwa wenn das Gehen beschwerlich geworden ist oder man krank ist. Da wäre es doch einfach für sie, wenn sie sich im Netz melden und um Hilfe bitten könnten – und auf der anderen Seite Menschen sitzen, die sich verantwortlich fühlen.

Tipp: *Wer mehr über kommunale Partnerschaften mit* nebenan.de *erfahren möchte, findet ein ausführliches Interview mit Patrick Ney im nebenan Magazin.* magazin.nebenan.de

Dass das Heranführen der älteren Mitbürger an die digitale Welt tatsächlich Positives bewirkt, hat die 2017 ins Leben gerufene Partnerschaft zwischen der Stadt Hannover und nebenan.de gezeigt. Ihr gemeinsames Ziel: Älteren Menschen den Zugang zu digitaler Nachbarschaft erleichtern, um ihr Leben im Alltag zu bereichern. Nach einem Jahr blickt Patrick Ney, Projektmanager für Digitalisierung der Seniorenarbeit im Fachbereich Senioren der Stadt Hannover, zufrieden zurück: Heute ist nebenan.de ein fester Bestandteil der Seniorenarbeit seiner Abteilung. Drei Quartierskoordinatoren aus Neys Team sind auf der Plattform angemeldet und informieren Nachbarn in mehreren Vierteln über Angebote und Veranstaltungen der Stadt.

Digitale Nachbarschaft

Das von Bundesinnenministerium, Google und Telekom geförderte Projekt **Digitale Nachbarschaft** will insbesondere Ehrenamtliche, Vereinsmitglieder, aber auch Menschen wie dich und mich zu souveränen und sicheren Surfern im Netz machen. Mit Texten, Kursen und Live-Webinaren lernt man zum Beispiel alles über sicheres Kommunizieren via E-Mail, wie man Social Media nutzt oder sicher im Netz einkauft — und wer mag, wird am Ende sogar Scout für andere. Mehr unter: **digitale-nachbarschaft.de**

Weitere Wellenreiter

✔ **Surftreff@uguste:** Das Projekt in Frankfurt am Main/Rödelheim zeigt Senioren, wie man ins Internet kommt, dort gezielt nach Informationen sucht, es für den Austausch nutzt — und wie diese Computer und anderen Geräte wie Handys eigentlich funktionieren und sie alle zusammenhängen. **surftreff-auguste.de**

✔ **SCC Berlin-Mitte:** Der SeniorenComputerClub im Zentrum der Hauptstadt ist ein Projekt des Kreativhaus e.V. Dort führen ältere Menschen Gleichaltrige in die digitale Welt ein — und das mit einem schier unendlichen Programm: Das Angebot reicht vom PC-Grundkurs über die Erstellung von Fotobüchern und die Bearbeitung von Videos bis hin zur Frage, wie man Autor bei Wikipedia werden kann. **scc-berlin-mitte.de**

✔ **Goldener Internetpreis:** Unter Schirmherrschaft des Bundesinnenministeriums wurde im Jahr 2017 der Goldene Internetpreis an Projekte verliehen, die sich um die Netzbildung der Älteren kümmern. Viele schöne Beispiele gibt es unter: **goldener-internetpreis.de**

Eine gemeinsame Sprache – und Freunde finden

Nehmen wir Karine aus Köln. Die Französin zog es im Frühjahr 2017 von der Pariser Seine an den Rhein, wo sie eine Ausbildung zur Verwaltungsfachwirtin begann. Weil ihr Mann Deutscher ist, ist sie der Sprache zwar mächtig – kannte aber niemanden in der Stadt. Das wollte sie unbedingt ändern. Also rief sie über die Plattform nebenan.de einen deutsch-französischen Stammtisch ins Leben, bei dem sich mittlerweile alle zwei Wochen montags frankophile Studenten, Rentner und Berufstätige aus beiden Ländern zum Austausch treffen – natürlich in Karines Heimatsprache. Und bei dem beide Seiten so interessante Sprachfeinheiten lernen können wie zum Beispiel, dass man im Deutschen statt eines Frosches in Frankreich eine »Katze im Hals hat« oder dass der »Bärenhunger« unterm Eiffelturm »Wolfshunger« heißt.

Ein gelungenes Beispiel, wie man seine Nachbarn auch über das eigene Viertel hinaus über die gemeinsame Lust auf eine Sprache kennenlernen kann – und wie in Karines Fall auch über den Stammtisch hinaus zum gemeinsamen Picknick mit deutsch-französischem Essen und Musik.

Diejenigen, für die die Sprache neben dem Kennenlernen im Zentrum steht, können auch über sogenannte Sprachtandems effektiver als vielleicht am Stammtisch lernen. Das Prinzip ist denkbar einfach: Ein Sprachtandem ist ein Zusammenschluss von zwei Menschen, die jeweils die Muttersprache des anderen lernen wollen. Das kann natürlich off- wie online funktionieren. Einen guten Überblick über die Vorteile des Tandemlernens und wie man am besten vorgeht, liefert die Website sprachheld.de. Dort erfährst du, über welche Plattformen du schnell einen Partner findest.

Wer in größeren Städten wohnt, der kann natürlich eher darauf hoffen, jemanden im unmittelbaren Umfeld zu entdecken. Denn eines ist wohl klar: Eine Sprache zu erlernen ist in der direkten Begegnung und über gemeinsame Aktivitäten einfacher – und macht mehr Spaß. Außerdem ist so ein Tandem kostenlos. Gute Websites dafür sind tandempartners.org und conversationexchange.com, zu empfehlende Apps sind **Tandem** (für iOS Apple-Geräte) und **Speaky** (Android).

Eine Sprache zu erlernen ist in der direkten Begegnung und über gemeinsame Aktivitäten einfacher – und macht mehr Spaß.

Wer in seiner Nachbarschaft nach Sprachtandems sucht, kann über nebenan.de fündig werden, aber natürlich auch Gesuche an Laternenpfähle oder Schwarze Bretter in Supermärkten und Drogerien kleben oder pinnen. Hier noch ein paar Tipps von den Sprachheld-Experten, was es dabei zu beachten gilt:

1 **Alter:** Das ist natürlich weitgehend egal, aber bei Menschen eher gleichen Alters ist die Wahrscheinlichkeit höher, auch gemeinsame Interessen zu haben und über ein gemeinsames Mindset zu verfügen.

2 **Sprachniveau:** Mindestens einer sollte in der Fremdsprache ein Gespräch führen können. Wenn du also zum Beispiel Spanisch lernen willst, aber noch am Anfang stehst, sollte dein Tandempartner bereits relativ gut Deutsch sprechen. Oder umgekehrt.

3 **Halbe-Halbe:** Es ist zu empfehlen, dass die gemeinsame Zeit (für den Einstieg 60 Minuten) halbiert wird – in der einen sprichst du in deiner Sprache, in der anderen Hälfte die des Tandems.

Tierisches Vergnügen

Wer ein Haustier hat, der kennt die Macht dieses verbindenden Themas. Auf Hundewiesen robben sich die Halter zusammen, um über Fragen wie das richtige Futter, die passende Leine, Probleme in der Erziehung des kleinen Rackers oder den letzten Besuch beim Tierarzt zu diskutieren. Und auch bei Katzen-, Vögel- und Schildkröten-Liebhabern ist das nicht viel anders. Tiere verbinden Menschen.

Warum also den tierischen Freund nicht dazu nutzen, auch die Nachbarschaft zu erkunden und sich gegenseitig zu helfen? Wäre es nicht eine Idee, gemeinsam mit anderen Tierliebhabern im nahe gelegenen Park mit den Hunden Gassi zu gehen? Oder sich zu einer Katzenparty zu treffen und zu sehen, ob sich die kleinen Tiger verstehen? Und du kannst sogar zu einem wichtigen Helfer werden, etwa für körperlich beeinträchtigte oder ältere Menschen, die gerne ein Haustier behalten möchten oder hätten, aber aufgrund ihrer Beeinträchtigungen dazu nicht mehr in der Lage sind.

Ein tolles Beispiel für solch eine Hilfe ist das Projekt **Silberpfoten** des Tierschutzvereins Stuttgart. Hier bieten die Vereinsmitglieder Senioren Hilfe bei Tierpflege, Ausführen von Hunden, Tierarztfahrten und vielem mehr an. Warum sollte Ähnliches nicht auch mit der unmittelbaren Nachbarschaft möglich sein? Es gibt zum Beispiel genügend Kinder, deren Eltern oder deren Vermieter das Halten von Haustieren untersagen – sehr zum Leidwesen der Kinder. Was wäre da naheliegender, als ein Tier-Tandem einzugehen, bei dem alle auf ihre Kosten kommen. Die kleinen Tiernarren haben ihren Spaß und lernen Verantwortung zu übernehmen, die großen können ihre liebgewonnenen Vierbeiner behalten.

Tipp: *Für Hardcore-Hunde-Fans gibt es darüber hinaus unzählige Seiten im Internet, eine davon ist* wir-hunde-menschen.de. *Über dieses Portal lassen sich unkompliziert Hunde-Menschen-Bekanntschaften in der unmittelbaren Umgebung schließen.*

Wer über gute Kontakte in die Nachbarschaft verfügt, freut sich allerspätestens dann darüber, wenn Hund oder Katze einmal verschwunden sind. Nichts aktiviert die Menschen mehr als die gemeinsame Suche nach ihren geliebten Vierbeinern. Versuche deine Nachbarn mit Plakaten, die du in der Nachbarschaft an Laternenpfählen, beim Bäcker oder beim Tierarzt verteilst, aber auch mit einem Eintrag bei nebenan.de zu informieren und um Hilfe zu bitten. So kannst du sicherstellen, dass einige Hundert Nachbarn aufmerksam durch die Straßen gehen und Ausschau halten. Wichtig beim Beitrag oder Plakat sind vor allem ein oder mehrere Fotos des Tieres, das Datum des Verschwindens und, wenn man möchte, die Telefonnummer des Halters. Außerdem hilfreich ist der Name, ob das Tier darauf hört und Merkmale, die man auf einem Bild nicht erkennen kann. Das kann beispielsweise eine Eigenart beim Laufen oder in der Haltung sein. Erwähnen solltest du auch, ob das Tier ein Halsband, eine Tätowierung oder einen Chip trägt und ob es kastriert ist.

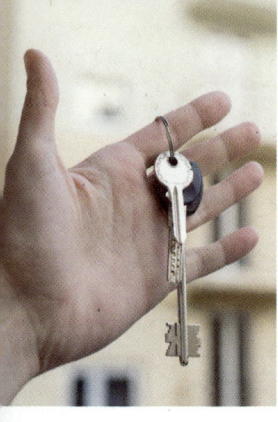

Hast du mal ein Auge …?

Die schönste Zeit des Jahres, der lang ersehnte Urlaub, ist immer auch ein wenig geprägt von der Sorge ums eigene Heim, ob Haus oder Wohnung. Was ist, wenn ein Rohr platzt? Wer gießt die Pflanzen? Wer leert meinen Briefkasten? Da ist es gut, wenn sich Nachbarn gegenseitig helfen und sich so die Sorgen um die eigenen vier Wände in Luft auflösen.

Am unkompliziertesten ist es natürlich für beide Seiten, wenn du jemanden in deinem Haus findest oder sogar den direkten Nachbarn. Das ist umso einfacher, wenn du auch selbst deine Hilfe anbietest für die Zeit des Urlaubs oder auch mal des verlängerten Wochenendes. Wenn bereits ein gutes Vertrauensverhältnis besteht, fällt es leichter, sich gegenseitig die Schlüssel auszuhändigen.

Experten raten dazu, im gemeinsamen Gespräch die wichtigen Punkte zu besprechen, einmal durch die Wohnung zu führen und sogar eine kleine Checkliste zu verfassen. Auch kleine Post-its etwa an den Blumentöpfen mit »Mach mich nass!« oder auf dem Briefkasten »Mach mich alle!« können dem Nachbarn helfen, nichts zu vergessen.

Das bisschen Haushalt

Wer das Auge durch seine Wohnung oder sein Haus schweifen lässt, dem fallen in Sekundenschnelle ein paar Sachen auf, bei denen sie oder er gerne beim nächsten Mal oder sogar permanent Hilfe hätte. Und das ist beim Nachbarn sicher ebenso. Warum also nicht mit den Nachbarn ein Haushalt-Helfer-Netz organisieren und klären, wer welche Unterstützung im Haushalt braucht – und, wenn es geht, auch gleich organisiert. Hier ein paar Anregungen, was Anwohner auf den Wunschzettel schreiben könnten:

1 **Putzen:** Wer eine Putzkraft sucht – sei es regelmäßig oder einmalig – kann erst einmal sein unmittelbares Umfeld nach Hilfe fragen, ehe man sich an die professionellen Reinigungsunternehmen wendet. Vielleicht macht jemandem Fensterputzen Spaß? Oder Bügeln? Es soll Menschen geben, die darin einen Akt tiefer Meditation sehen. Naja, die Hoffnung stirbt zuletzt. In jedem Fall kann das Netzwerk auch für die Vermittlung von Top-Putzkräften befragt werden.

2 **Aufbauen, Reparieren, Sanieren:** Wer einmal einen IKEA-Schrank alleine aufgebaut hat, der möchte das in der Regel kein zweites Mal machen. Wer den Plattfuß an seinem Fahrrad reparieren will, freut sich immer über eine helfende Hand. Streichen, Abfluss reinigen, Wände versetzen – egal, um was es geht, schließt euch zusammen! Denn: Wer hilft, dem wird geholfen.

3 **Einkaufen:** Gerade für nicht mehr ganz so mobile Mitbürger oder Kranke ist es ein Segen, wenn jemand für sie einkaufen geht oder sonstige Erledigungen übernimmt – bei der Apotheke Medikamente abholen, zur Reinigung gehen oder zur Post. Eine wirklich smarte Idee hatte das Schweizer Start-up **Publisheria**: Die beiden Gründer sind Hobbyköche und haben sich immer darüber geärgert, dass die Einkaufsapps fürs Mobiltelefon nur Einkaufszettel in digitaler Form sind. Also haben sie die App **Bring!** entwickelt. Auf der Website heißt es: »Sie erlaubt es, den Einkauf vor allem in Haushalten mit mehreren Personen clever zu organisieren. Nutzen etwa auch die WG-Bewohner Bring!, kann die Einkaufsliste gemeinsam geteilt und verwaltet werden. Der Clou: Mit einem Klick werden die Mitbewohner in Echtzeit über Ereignisse informiert. Sie erhalten eine Nachricht, sobald neue Produkte hinzugefügt wurden, der Einkauf unterwegs oder schon erledigt ist.« Warum also nicht Nachbarn zu einer Einkaufsgruppe verbinden, damit nicht jeder wegen der fehlenden Tüte Milch in den Supermarkt laufen muss.

Guter Rat

Das Phänomen kennen wir spätestens seit Amazon & Co.: Wer eine Einschätzung über etwas braucht, fragt die große Online-Community. Das Prinzip ist dabei immer das gleiche: Wir vertrauen eher dem Verbraucher als den Bewertungen von Medien oder gar der Unternehmen selbst. Bei Fragen auf lokaler Ebene kommt das Netz aber mitunter an seine Grenzen – dann hilft es ungemein, wenn man die Menschen in seinem Umfeld um Rat fragen kann: Welcher Kindergarten ist der beste? Welchen Zahnarzt kannst du empfehlen? Wo gibt es einen guten Bio-Metzger?

Diese Fragen kannst du natürlich bei persönlichen Treffen im Treppenhaus stellen, auf der Plattform von nebenan.de allerdings verbindet sich das Lokale mit dem Netz: Hier erreichst du im besten Fall gleich mehrere Hundert Menschen, die dir weiterhelfen können.

SHARING IS CARING: TAUSCHEN, TEILEN, LEIHEN

Was haben wir nicht alles in unseren Wohnungen und Häusern, in den Kellern und unterm Giebel. Dort liegen Bohrmaschinen und Koffer, es stehen Schränke neben Rädern, Bücherkisten neben Spielzeug aus der Zeit, als die Kinder noch klein waren. Oder mit anderen Worten: weitgehend totes Kapital – das man aber sinnvoll zum Leben erwecken kann. Natürlich können wir all die alten Schätze über Flohmarkt-Apps oder bei ebay verhökern. Aber hat es nicht auch Charme, erst einmal den Menschen nebenan damit zu helfen? Sollte man nicht Gegenstände, die man nicht permanent braucht, mit anderen teilen? Kann man nicht sogar Wohnungen und Autos tauschen? Wer tauscht, teilt oder leiht, bekommt auch immer etwas zurück, was er oder sie gerade braucht. Und ein funktionierendes Netzwerk aus teilbereiten Nachbarn ist zudem ressourcenschonend – und einfach sinnvoll. Auch wenn die Industrie das gar nicht gerne hört ...

Ring of Fire – oder: Tausch deine Talente

Die Idee ist so alt wie die Menschheit selbst: Was man nicht unbedingt braucht, wird verliehen. Wer etwas besonders gut kann, stellt seine Kompetenz im Tausch anderen zur Verfügung. Das war schon in der Urzeit ein gutes Prinzip – und erfährt gerade eine Renaissance. Überall im Land gibt es sogenannte Tauschringe und Zeitbörsen. Die Betreiber von tauschringadressen.de etwa sammeln auf ihrer Website entsprechende Initiativen – ein Blick lohnt sich.

Zum Beispiel aufs **Tauschnetz Elbtal**, einem Verbund von acht Tauschringen in der Region Dresden, den ihre Betreiber als »Bürger-Sozialsystem« beschreiben, das »brachliegende Güter und Fähigkeiten, die in jedem stecken, aufblühen lässt«. Das Prinzip ist es, sich gegenseitig zu unterstützen, ohne dass jemand dafür in Euro zahlen muss.

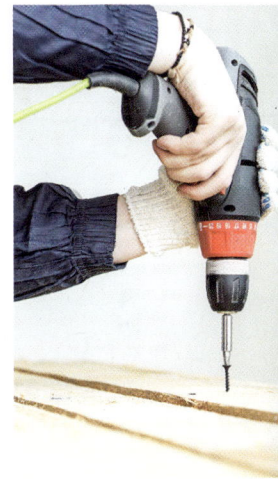

Wer mitmachen möchte, meldet sich bei einem der Tauschringe an und bekommt ein Konto – denn obwohl hier kein Geld fließt, haben die getauschten Leistungen doch ihren Wert. Beim Tauschnetz Elbtal sieht das so aus: Die Währung sind sogenannte Talente, zehn Talente werden pro Stunde erbrachter Leistung aufs Konto gepackt. Ein Beispiel: Wer drei Stunden lang die Hecke eines anderen Ring-Mitglieds schneidet, bekommt auf seinem Konto 30 Talente gutgeschrieben – und kann das wie alle anderen auch auf seinem Konto einsehen. Mitmachen können neben Menschen auch Institutionen, die die Tauschregeln akzeptieren. In einer Marktzeitung können sie ihre Gesuche und Angebote veröffentlichen. Einmal im Monat trifft man sich, um andere Teilnehmer und ihre Gebote oder Gesuche kennenzulernen, über offene Fragen zu reden, Waren zu tauschen oder einfach nur um gemeinsam eine gute Zeit zu haben.

Klar ist: Je größer solch ein Netzwerk ist, desto größer ist das Angebot, desto lebendiger ist die Gemeinschaft. Gerade für jene, die in Zeiten knapper Kassen auf ihr Geld achten müssen, ist solch eine Börse zudem eine gute Option, sich trotzdem einen Babysitter oder Handwerker zur Reparatur der Spüle leisten zu können. Ganz zu schweigen von den wertvollen sozialen Kontakten und neuen Begegnungen. Und das nicht nur im eigenen Verbund, sondern auch darüber hinaus. Mittlerweile kooperieren die Tauschringe deutschlandweit miteinander und tauschen etwa Stadtführungen und Wohnungen.

Je größer solch ein Netzwerk ist, desto größer ist das Angebot, desto lebendiger ist die Gemeinschaft.

Im Gespräch mit ...

PROF. JOHANNA MAIR
von der Hertie School of Governance in Berlin

Die Sharing Economy boomt. Professorin Johanna Mair beschäftigt sich mit der Frage, wie neue Modelle wirtschaftliche und soziale Entwicklungen möglich machen. Ihre Prognose: Sharing Economy kann die Wirtschaft verändern – und sogar die Gesellschaft insgesamt.

Frau Professorin Mair, Sharing boomt. Aber wie hoch ist die Bereitschaft der Menschen tatsächlich, private Dinge zu teilen?
Eine 2016 von der Europäischen Kommission durchgeführte Umfrage fand heraus, dass jeder fünfte Deutsche Angebote der Sharing Economy nutzt. Das ist überdurchschnittlich viel – nur Franzosen und Irländer teilen mehr.

In welchen Bereichen des Teilens gibt es derzeit die höchste Dynamik?
Im deutschsprachigen Raum sehen wir viel Bewegung im Bereich des Carsharings und dem Teilen von Räumen, Gegenständen und Lebensmitteln. Die Kartierung dieser Vielfalt in Deutschland steht im Mittelpunkt des vom Bundesministerium für Bildung und Forschung finanzierten deutschlandweiten Forschungsprojektes i-share, an dem neben der Hertie School of Governance die Universitäten Mannheim, Göttingen und Augsburg beteiligt sind. Der Atlas ist unter i-share-economy.org/atlas kostenfrei zugänglich.

Gibt es gravierende Unterschiede zwischen Stadt und Land?
Ja, es gibt Unterschiede, die historisch gewachsen sind. Auf dem Land war Teilen vor allem eine ökonomische Notwendigkeit, um teure Investitionsgüter wie landwirtschaftliche Maschinen anschaffen zu können. Maschinenringe sind hierfür ein gutes Beispiel. In der Stadt ist Teilen vermehrt, aber nicht ausschließlich, Ausdruck eines bewussten Lebensstils. Die hohe Dichte an Angeboten sowohl von langjährig bestehenden Angeboten wie den Tauschringen als auch von Start-ups macht es jedoch Stadtbewohnern besonders einfach, Sharing Economy-Angebote zu beziehen.

»Teilen ist ein optimaler erster Schritt, damit Menschen aufeinander zugehen.«

Es gibt eine Reihe von stark kommerziell ausgerichteten Tauschangeboten wie zum Beispiel Airbnb. Wie bewerten Sie diese?
Kommerziell bedeutet nicht an sich problematisch. So widmen sich etwa soziale Unternehmen höchst relevanten sozialen Problemen, die von staatlichen Stellen oft nicht oder in einem verbesserungsfähigen Umfang bearbeiten werden. Zur Beantwortung der Frage nach dem Beitrag von kommerziellen und nicht kommerziellen Teilangeboten bedarf es einer soliden Datenbasis. Im Rahmen des Projektes i-share analysieren wir deshalb den sozialen, ökonomischen und ökologischen Beitrag von kommerziellen wie auch nicht kommerziellen Sharing-Economy-Anbietern zum nachhaltigen Wirtschaften in Deutschland.

Was bedeutet Sharing Economy für den Gemeinschaftssinn?
Die Sharing Economy besitzt ein hohes Potenzial, um Gemeinschaftssinn zu stiften und in der Folge zu fördern. Denn Teilen ist ein optimaler erster Schritt und Anlass, damit Menschen aufeinander zugehen sich in der Folge so besser kennenlernen können. Gerade in Zeiten steigender Anonymität und erhöhter Mobilität von Personen können Menschen so auch schneller als üblicherweise zueinanderfinden – dank digitaler Technologien.

Einige glauben, dass Sharing Economy die Wirtschaft, sogar die Gesellschaft verändern wird. Wie schätzen Sie das Potenzial ein?
Die Sharing Economy stellt eine neue soziale Praktik dar, die sich in den verschiedensten gesellschaftlichen Bereichen und damit auch in der Wirtschaft verbreitet. Viele Unternehmen sehen das Potenzial der Grundidee der Sharing Economy und experimentieren, was diese für etablierte Geschäftsmodelle bedeuten. Es besteht also ein hohes Potenzial, dass die Sharing Economy Gesellschaft und Wirtschaft verändern kann.

Wirklich bewegend

Es ist ein Irrsinn. Tag für Tag stehen Autos durchschnittlich 23 Stunden ungenutzt herum. Heißt auch: In diesen 23 Stunden könnten andere Menschen als nur ihre Halter damit durch die Gegend kutschieren. Das Prinzip kennen wir seit geraumer Zeit: Carsharing ist ein boomender Markt in den Metropolen, in den sich schon längst auch die großen Autohersteller wie BMW oder Smart eingeklinkt haben.

Ein besonderes Modell hat sich die Wohnungsgenossenschaft **WOGENO** in München gemeinsam mit dem hiesigen Anbieter **STATTAUTO** ausgedacht. Die WOGENO versteht sich als Genossenschaft der nachbarschaftlichen Solidarität und bietet den 650 Genossen einen besonderen Service: Sie vermietet Stellplätze als Carsharing-Station an STATTAUTO, die Anwohner können also direkt in ihrem Umfeld und zu vergünstigten Konditionen Pkw leihen, wenn sie sich bei dem Anbieter angemeldet haben. »Das Angebot erfreut sich wahnsinniger Beliebtheit«, berichtet WOGENO-Vorstand Christian Stupka auf netzwerk-nachbarschaft.de. »Dank Carsharing fällt mancherorts nur ein einziger Privatwagen auf fünf Haushalte.« Und nicht nur das: Durch den geringeren Bedarf an Stellplätzen sparen die Genossenschaft Baukosten und die Bewohner Mietkosten – durchschnittlich etwa 70 Euro im Monat.

Top Ten der Carsharing-Anbieter

Anfang 2018 gab es in Deutschland in 677 Städten 165 Carsharing-Anbieter, bei denen 2,1 Millionen Menschen registriert waren. Hier kommen die Top Ten (nach Kundenzahl):

✔ Car2go (7 Städte, Mercedes): **car2go.com**

✔ DriveNow (5 Städte, BMW): **drive-now.com**

✔ Flinkster (300 Städte, Deutsche Bahn): **flinkster.de**

✔ Cambio (21 Städte): **cambio-carsharing.de**

✔ Stadtmobil (100 Städte): **stadtmobil.de**

✔ Book-n-drive (8 Städte): **book-n-drive.de**

✔ teilAuto (17 Städte): **teilauto.net**

✔ Stattauto München (1): **stattauto-muenchen.de**

✔ Greenwheels (22 Städte): **greenwheels.com**

✔ Scouter (7 Städte): **scouter.de**

Wer noch weiter stöbern möchte, findet eine exzellente Übersicht auf **carsharing-news.de**.

Dort erfährst du auch, dass zehn Prozent der insgesamt knapp 18.000 Sharing-Cars mit Elektromotor betrieben werden. Und dass es in Karlsruhe die meisten Share-Autos pro 1.000 Einwohner gibt (2,71), gefolgt von Stuttgart (1,47) und Freiburg (1,41).

Und das Ganze muss nicht auf Autos beschränkt bleiben. Natürlich kann man alle eigenen Fortbewegungsmittel der Gemeinschaft zur Verfügung stellen – wie auf **upperbike.com**. Dort können Fahrräder zum Vermieten und Mieten eingestellt werden: Das können Mountainbikes sein, Rennräder, das Holland- oder Lastenrad wie auch Kinderräder. Wer sein Rad anbietet, lädt ein Foto hoch und stellt eine möglichst genaue Beschreibung dazu: Marke, Baujahr, Gänge, Gewicht, Farbe – und Preis. Die Kosten pro Stunde variieren zwischen 5 und 30 Euro. Auf einer Deutschlandkarte sieht der Nutzer sofort, ob jemand in seinem Ort bereits mit von der Partie ist. Neben den Metropolen sind bereits etliche mittelgroße Städte wie Göttingen, Freiburg oder Bielefeld gelistet.

So etwas lässt sich natürlich beliebig für das unmittelbare Umfeld und das ganze Viertel denken: Da könnten Laufräder geteilt werden, Motorroller oder auch Kleintransporter. Geteilte Mobilität kann Gemeinschaft bewegen.

Wer sein geliebtes Rad, Motorrad oder Auto nicht gleich an andere verleihen will, kann aber auch auf andere Art teilen, um von A nach B zu kommen.

1 **Öffentlicher Personennahverkehr:** Viele Verkehrsbetriebe bieten Modelle an, mit denen man andere Menschen gratis mitnehmen kann. Die Berliner BVG zum Beispiel hat eine Umweltkarte im Angebot, die übertragbar ist und am Wochenende sowie abends für zwei Personen gilt. Als Besitzer solch einer Karte kannst du also gerne in deiner Umgebung fragen, ob jemand deine Karte nutzen möchte, wenn du sie gerade nicht brauchst.

2 **Carpooling:** Die meisten von uns haben den immer selben Weg, etwa von zu Hause ins Büro oder einmal in der Woche zum Supermarkt. Wenn andere in deiner Nachbarschaft denselben Weg oder immerhin ein Ziel auf deiner Strecke haben, wäre es doch klug – und so wunderbar nachhaltig –, wenn ihr euch zusammenschließen könntet. Dann würde vielleicht ein Auto stehen bleiben, das man wiederum anderen zur Verfügung stellen könnte …

Share your space

Was für Fortbewegungsmittel gilt, lässt sich auch in verwandter Form auf Räume übertragen. Neben **CouchSurfing**, das seinen Mitgliedern eine Plattform zur Verfügung stellt, um eine kostenlose Unterkunft auf Reisen zu finden, selbst eine Unterkunft oder auch anderes anzubieten, wie beispielsweise einem Reisenden die Stadt zu zeigen, ist wohl **Airbnb** das mittlerweile bekannteste Portal, das im Nu die Welt erobert hat. Auch wenn es nicht ganz frei von berechtigter Kritik ist, ist die Grundidee smart: Menschen bieten für einen bestimmten Zeitraum ihre Wohnungen zur Miete an. Überall auf der Welt finden sich mittlerweile attraktive Appartements – und nicht nur das. Die Angebotspalette umfasst auch Workshops, Konzerte, Kunstevents und vieles mehr. Da kann man die Kunst des Hutmachens in New York lernen, Surfunterricht auf Bali nehmen oder Bogenschießen in Seoul. Wer sich registriert, dem öffnet sich eine Welt abseits der touristischen Routen und Möglichkeiten. Was die Angebote eint: Sie basieren auf persönlichen Beziehungen und Vertrauen.

Es eröffnet sich eine Welt abseits touristischer Routen und Möglichkeiten.

Das Prinzip kann auch als Nachbarschaftsprojekt funktionieren: Nachbarn können untereinander im Mikrokosmos des Kiezes ihre Wohnung zur Verfügung stellen. Hat jemand Besuch und kann ihn oder sie nicht bei sich selbst unterbringen, wäre es doch eine gute Möglichkeit, wenn man die Besucher beim Nachbarn einquartieren kann. Oder man organisiert ein attraktives Programm für Touristen und bietet es bei Airbnb als Komplettpaket an: Neben einer Unterkunft könntest du gemeinsam mit deinen Nachbarn anbieten, dass die Besucher auch einen Kochabend beim Nachbarn gegenüber mitbuchen oder einen Salsakurs in der Tanzschule nebenan.

Was beim Wohnraum klappt, funktioniert aber auch bei Büroräumen. Viele Selbstständige wollen nicht zu Hause arbeiten – die Ablenkungen sind zu verlockend, um sich konzentriert der Arbeit zu widmen; zudem schätzen viele von ihnen eine professionelle Arbeitsatmosphäre und den Austausch mit anderen. Andere wollen auch wegen der Kinder in der Nähe oder zumindest an einem Ort arbeiten, der leicht mit dem Rad oder den öffentlichen Verkehrsmitteln erreichbar ist.

Dieser Zielgruppe hat sich **shareDnC** (sharednc.com) angenommen, wobei DnC für »Desk and Coffee« steht. Die shareDnC GmbH hat sich Mitte 2015 in Köln gegründet und ist die erste Plattform für die Untervermietung freier Arbeitsplätze und Büros in Deutschland. Der Vorteil für die Vermieter: Sie können den Platzbedarf und die Teamgröße flexibel anpassen und verdienen über die Miete sogar noch Geld. Zudem bekommen sie – wenn sie wollen und es passt – Impulse für die eigene Arbeit. Wer sich auf der Plattform anmeldet, zahlt nichts für die erfolgreiche Vermittlung; Kautionen können allerdings fällig werden. Sein Geld verdient ShareDnC über die Vermieter.

Und es geht noch weiter: Selbst Gärten lassen sich »verleihen«. Wer lang genug mit geplagten Stadtneurotikern spricht, der hört viel von der Sehnsucht nach dem Stück Grün, das man nicht hat oder sich lediglich auf ein paar Balkonpflanzen und Tomaten im Blumentopf beschränkt. Und nicht jeder will gleich eine Laube im Schrebergarten anmieten – zu viel Aufwand, zu viel Verpflichtung, zu viele Kosten.

Genau diesen Menschen sei **Datschlandia – Garten sucht Freund** ans Herz gelegt, ein Kleingarten-Sharing-Modell, bei dem Gartenpächter und Eigentümer auf Saisongärtner ohne Boden treffen. Erfahrungsgemäß werden die grünen Flächen nur an einem Tag oder an zwei Tagen vom Eigentümer oder Mieter genutzt – die übrige Zeit wächst die Natur einfach vor sich hin. Hinzu kommt, dass insbesondere die ältere Generation auf ihren Datschas anbaut, ansät und mäht, sie aber froh wären, jüngere Menschen als Hilfe an der Seite zu haben. Auf datschlandia.de finden genau diese beiden Gruppen zusammen. Hier können die Naturfreunde Gärten für eine Saison oder für einen der beiden Wochenendtage mieten. Das Angebot von Datschlandia ist kostenlos, die genauen Konditionen werden zwischen den beiden Parteien ausgehandelt. Und wer weiß? Vielleicht verbindet die Liebe zum Grün mit der Zeit auch die beiden Partner. Es wäre nicht das erste Mal, dass so Freundschaften entstehen.

Der hat's voll auf dem Kasten!

Weißt du, wie oft eine Bohrmaschine im Laufe ihres Produktlebens genutzt wird? 13 Minuten. Die mit diesem Fakt verbundene Botschaft liegt auf der Hand: Es gibt jede Menge Dinge, die wir besitzen und die lange herumliegen, ehe sie wieder zum Einsatz kommen. Der Wok, die Leiter, der Schlitten, das Schlauchboot, der Hammer. Das dachten sich auch die Designer Lisa Ochsenbein, Sabine Hirsig und Ivan Mele aus Bern in der Schweiz. Sie kreierten 2012 deshalb Aufkleber mit eben jenen Gegenständen darauf, die man auf seinen Briefkasten kleben kann und so den Nachbarn signalisiert: Hey, ihr könnt bei mir diese Sachen ausleihen – einfach klingeln.

Was aus einer Laune heraus initiiert wurde, ist heute ein kleiner Verein: Die drei Gründer wurden überrollt von Anfragen, weshalb sie ihre Idee auf professionelle Füße gestellt haben: **Pumpipumpe**. »Pumpi« bezeichnet in der Schweiz eine Luftpumpe und »pumpen« bedeutet salopp ausgedrückt »leihen«. Auf **pumpipumpe.ch** kann sich jeder jene Sticker aus 40 Angeboten aussuchen, die für ihn oder sie infrage kommen. Außer konkreten Gegenständen gibt es aber auch – sehr smart – den WLAN-Zugang oder das Zeitungsabo. Der Preis pro Bestellung: fünf Euro. Damit können die Macher die Plattform langfristig betreiben – denn im Fokus steht der Wunsch, den Sharing-Gedanken weiterzuverbreiten, nicht der Profit.

Eine Nuance anders hat auch nebenan.de sich diese Idee zu eigen gemacht: Dort gibt es ebenfalls Sticker für den Briefkasten mit ähnlichen Motiven, aber hier kann der Nutzer auch drei Sticker »Zum Verleihen«, »Zum Verschenken« und »Zum Teilen« neben die Sticker packen. Zudem erstreckt sich das »Angebot« auch auf Dienstleistungen wie Baby- oder Katzensitting, Einkäufe erledigen oder Pakete annehmen. So werden nicht nur Ressourcen geschont, sondern auch die Nachbarschaft nachhaltig belebt. Und wer weiß: Vielleicht bedankt sich so mancher für die Bohrmaschine mit einem leckeren Stück Kuchen oder einem Kaffee auf dem Balkon.

Die Sticker liegen dem Buch bei. Falls du Nachschub brauchst, schicke einfach eine Mail an folgende Adresse: **sticker@nebenan.de**

So werden nicht nur Ressourcen geschont, sondern auch die Nachbarschaft nachhaltig belebt.

LEBENSMITTEL

STUHL

LEITER

WERKZEUG

Die Jacke mit den sieben Leben

Besonders die Eltern unter uns kennen das: Die Tochter ist wieder um ein paar Zentimeter gewachsen und braucht schon wieder neue T-Shirts, Hosen, Jacken. Der Sohn hat seinen Pullover beim Raufen verzogen, sodass nun zwei darin Platz haben, und die Hosen sind an den Knien aufgeschlagen. Also wieder ab zum Kinderausstatter.

Übrigens, 60 Kleidungsstücke kaufen wir Deutschen durchschnittlich pro Jahr, angeheizt durch Amazon und Co.

Doch halt! Wäre es nicht viel schlauer, Kleidung zu tauschen oder weiterzugeben? Wir alle kennen die Secondhandläden, doch auch das Netz bietet mittlerweile gute Möglichkeiten, das Prinzip ganz einfach – und vor allem bundesweit – aufzugleisen. Wie zum Beispiel **Kilenda**. Auf kilenda.de sucht man sich aus einem Sortiment von 15.000 Stücken Kleidung für Kinder, Schwangere und Stillende aus und lässt sie sich zuschicken. Man kann sie so lange behalten, wie man mag – je länger, desto teurer, aber nie mehr als der Neupreis. Wenn dieser Preis erreicht ist, kann man das liebgewonnene Stück behalten. Andernfalls packt man die Sachen wieder in einen Karton und schickt sie an Kilenda zurück, die dann gereinigt und ausgebessert und günstiger weiterverwendet werden.

Das Modell hat sogar den Konzern Tchibo überzeugt. Die Macher von Kilenda haben die Hamburger dabei unterstützt, »Tchibo Share« aufzubauen. Auf der Website **tchibo-share.de** werden Baby- und Kinderkleidung für eine Monatspauschale zumeist von wenigen Euro vermietet.

KATHARINAS KLEIDERTAUSCHPARTY

Das Prinzip lässt sich auch auf den lokalen Kosmos übertragen oder hat dort wahrscheinlich sogar seinen Ursprung. Nachbarn könnten diese Art des Tauschens auch für ihr unmittelbares Umfeld organisieren – und beispielsweise eine Kleidertauschparty organisieren. Genau das hat Katharina in Stuttgart-Hasenberg gemacht:

»Als wir vor ein paar Monaten umgezogen sind, habe ich festgestellt, dass ich einfach zu viele Klamotten habe. Nicht einmal ein Drittel habe ich im vergangenen Jahr tatsächlich getragen. Also, höchste Zeit auszumisten!

Bei meinem Auslandssemester in England hat mich eine Kommilitonin zu einer »clothes swap«-Party mitgenommen – zu einer Kleidertauschparty. Das Konzept ist simpel: Man überlegt sich, wie viele Menschen in das heimische Wohnzimmer passen und grenzt daraufhin das Geschlecht und die Größe ein, setzt einen Termin fest und lädt nette Menschen ein.

Letztlich waren wir dreizehn Ladies mit einem Berg toller Klamotten. In gemütlicher Runde haben wir Kaffee getrunken und selbst gemachte Süßigkeiten gegessen. Um die Situation etwas aufzulockern, hat jemand eine Vorstellungsrunde vorgeschlagen – das war ein toller Eisbrecher.

Anstatt die Kleidung nur hochzuhalten, haben wir zwei Kleiderständer gefüllt und abwechselnd vorgeführt. Wer das Teil haben möchte, der meldet sich. Sollten sich zwei für das gleiche Stück interessieren, darf es zuerst diejenige anprobieren, die weniger Teile hat. Nebenbei haben wir uns darüber ausgetauscht, welches das beste Restaurant in unserer Gegend ist, wo der schönste Laufweg ist und wie man Rohkostpralinen macht. Nummern und E-Mail-Adressen wurden getauscht, neue Treffen vereinbart und ich denke, dass alle nicht nur mit neuen Kleidungsstücken nach Hause gegangen sind, sondern auch mit dem Gefühl, ein paar neue Freundinnen gefunden zu haben. Und ich habe etwas entdeckt, was ich gar nicht erwartet hatte – das Gefühl, in meiner neuen Nachbarschaft angekommen zu sein.«

Ich denke, dass alle mit dem Gefühl, ein paar neue Freundinnen gefunden zu haben, nach Hause gegangen sind.

So wird deine Kleidertauschparty ein Erfolg

1 Finde einen passenden Ort
- Je nachdem, wie groß die Veranstaltung sein soll, wählst du den passenden Ort der Tauschparty.
- Einige Spiegel, genügend Möglichkeiten, die Klamotten zu präsentieren (Bügel, Kleiderstangen, Leitern ...), und Räume, wo man die Kleidung anprobieren kann, sind immer hilfreich!

2 Lade deine Nachbarn ein
- Erstelle eine Veranstaltung in deiner Nachbarschaft auf nebenan.de.
- Plane ein bisschen Vorlaufzeit mit ein. So haben alle Teilnehmer die Möglichkeit, ihren Kleiderschrank nach ungenutzten Teilen zu durchsuchen.
- Um Enttäuschungen vorzubeugen, ist es wichtig, dass mehrere Teilnehmer die annähernd gleiche Konfektionsgröße tragen.

3 Sorge für gute Stimmung
- Getränke und Snacks sind immer gern gesehen. Wie wäre es, wenn jeder der Teilnehmer noch eine Kleinigkeit mitbringt?
- Mit angenehmer Musik tauscht es sich gleich noch viel leichter!

4 Die Party kann beginnen
- Besonders wenn ihr euch noch nicht alle kennt, ist eine Vorstellungsrunde am Anfang eine tolle Sache.
- Sortiert die Kleidungsstücke nach Kategorien, dann wird alles etwas übersichtlicher.
- Stöbert, probiert und erzählt vielleicht die eine oder andere Geschichte zu den Teilen, die ihr mitgebracht habt.
- Sollten sich mehrere in dasselbe Teil verliebt haben, gibt es verschiedene Möglichkeiten, wie man das lösen kann: So könnte es beispielsweise derjenige bekommen, der sich bisher weniger ausgesucht hat, oder jeder gibt auf einer Skala von 1 bis 5 an, wie sehr sie oder er das Teil haben möchte. Manchmal sieht man aber auch einfach nach dem Anprobieren, wem es besser steht.

5 Spendet die restlichen Klamotten
- Falls nicht jedes mitgebrachte Kleidungsstück einen neuen Besitzer findet, könnt ihr diese einfach spenden.

Gemeinschaft geht durch den Magen

Was gibt es Schöneres, als gemeinsam zu essen und zu trinken – leckere Speisen, gute Weine, Kerzenschein. Und wer sagt, dass das auf Familie und Freunde beschränkt sein muss? Das gemeinsame Kochen und Kennenlernen in der Nachbarschaft ist natürlich immer ein ganz besonderer Genuss. Damit dabei in der Küche nicht das blanke Chaos rund um den Herd entsteht, kann man ein paar gute Ratschläge gebrauchen. Ein gutes Beispiel ist die sogenannte Schnippelparty. Hier kommen die Tipps von Neele Behler und Dörte Kiel vom Düsseldorfer Quartiersprojekt Stadtmitte:

1 Nachbarn einladen

Eine Schnippelparty organisiert sich nicht von selbst, aber mit zwei oder drei engagierten Nachbarn gelingt die Party in jeder Nachbarschaft. Eingeladen haben wir natürlich über nebenan.de, aber auch mit Handzetteln, die wir in die Briefkästen der Nachbarn in den Straßen rund um unser Projektbüro geworfen haben. Beim Verteilen der Zettel hat uns zum Beispiel das Seniorennetzwerk geholfen. Gut ist es auch, die Flyer im Supermarkt, in Apotheken und Wartezimmern von Arztpraxen auszulegen. Und die beste Einladung ist immer noch die Mund-zu-Mund-Werbung durch Nachbarn und Freunde.

2 Die Küche

Zuerst braucht es natürlich einen geeigneten Ort, an dem man gut zusammen schnippeln, kochen und essen kann: Das kann ein Nachbarschaftszentrum sein oder die Wohnung eines Nachbarn. Bei gutem Wetter kann sogar draußen auf einem Platz gekocht werden.

3 Ausrüstung

Notwendig für die Vorbereitung ist außerdem ein Grundstock an Gewürzen, Öl, Kochgeschirr, Schüsseln, viele Brettchen und Messern, damit alle mit anpacken können. Am besten ist es, wenn sich alle Nachbarn ein bisschen beteiligen, sei es ein Schneidebrettchen mitbringen, Lebensmittel besorgen oder einen Beitrag für den Einkauf dazugeben (man könnte auch eine Dose herumgehen lassen oder einen festen Betrag einsammeln).

4 Menü

Bei uns auf dem Menü standen buntes Blechgemüse und ein sommerlicher Salat. Das hatte den Vorteil, dass wir fast alles, was die Nachbarn mitgebracht haben, in unseren Gerichten verwerten konnten. Eine Rollenverteilung hilft beim Ablauf: Neele hat alle Nachbarn begrüßt, darauf geachtet, dass es allen gut ging und den Ablauf erklärt, während Dörte die Organisation rund ums Kochen übernommen hat.

Wer mag, kann das mit einem Trend verbinden, der vielen noch suspekt ist, dem sich aber immer mehr anschließen: **Foodsharing**. Jeden Tag ziehen mittlerweile Tausende los, um fast abgelaufene oder übriggebliebene Nahrungsmittel vor dem Müllcontainer zu retten. Die 2012 gegründete Initiative hat heute über 200.000 registrierte Nutzer und ist neben Deutschland, Österreich und der Schweiz auch in anderen europäischen Ländern aktiv. Zahlreiche Supermärkte öffnen bereitwillig ihre Türen, um die Foodsharer ihren Dienst machen zu lassen. Diese bringen die Lebensmittel zu Foodsharing-Stationen, wo jedes Mitglied sich bedienen kann. Aber natürlich kann man überschüssige Äpfel, Gurken und Co. auch mit nach Hause nehmen und seine Nachbarn einladen, sich das Notwendige zu nehmen.

Geschichten aus der Nachbarschaft ...

AUS DEM LEBEN EINER FOODSAVERIN

In Deutschland landet etwa ein Drittel aller Lebensmittel im Müll.

Die Zahlen sind alarmierend: In Deutschland landet etwa ein Drittel aller Lebensmittel im Müll. Supermärkte und die Gastronomie werfen im Jahr mehrere Millionen Tonnen genießbares Essen weg, in privaten Haushalten landet Essen im Wert von 22 Milliarden Euro in der Tonne. Solche abstrakten Zahlen führen bei vielen Menschen zu Achselzucken und Resignation. Aber nicht bei Janina aus Bergisch-Gladbach.

»Das ist doch verrückt, die Lebensmittel sind ja noch total in Ordnung«, findet Janina. Seit gut einem Jahr engagiert sie sich ehrenamtlich als Foodsaverin. Zwei- bis dreimal pro Woche zieht sie los, um Lebensmittel zu retten. Das Prinzip sei ganz einfach, erklärt sie: »Ich fahre mit dem Rad oder Auto zu verschiedenen Betrieben, zum Beispiel zu Supermärkten, Bäckereien oder Bio-Märkten, die mit der Initiative Foodsharing kooperieren. Dort bekomme ich dann meist Obst, Gemüse, Backwaren oder Molkereiprodukte, die vom Tag übrig sind. Diese kann ich entweder zu einem sogenannten Fair-Teiler bringen (das sind öffentliche Kühlschränke oder Regale), wo andere Menschen sich bedienen können. Oder ich verteile die Lebensmittel unter Freunden und Bekannten.«

Obwohl Foodsaver ihren Eigenbedarf an Lebensmitteln mit den geretteten Waren decken dürfen, bleibt häufig immer noch etwas übrig. Deshalb hat sich Janina entschlossen, sich bei der Nachbarschaftsplattform nebenan.de anzumelden und die Lebensmittel auch mit ihren Nachbarn zu teilen.

Janinas Tipps fürs Lebensmittelretten:

Werde Teil des Netzwerks

Du kannst dich online ganz einfach unter foodsharing.de anmelden.
Nach einem kleinen Onlinekurs findet deine erste Probe-Abholung
zusammen mit einem erfahrenen Foodsaver statt, einem sogenannten
Botschafter. Wenn das gut klappt, wirst du freigeschaltet und kannst
loslegen!

Rette nur, was du teilen kannst

Sinn der Sache ist nicht, dass man Unmengen Lebensmittel rettet und
diese dann zu Hause im Kühlschrank vergammeln. Man sollte ein Gefühl
dafür entwickeln, wie viel man auch tatsächlich weiter fair-teilen kann.

Keine Angst vor »unperfekten« Lebensmitteln

Es kommt schon vor, dass ein Apfel eine Druckstelle hat und nicht
jedes Gemüse makellos ist. Da sollte man nicht allzu zimperlich sein.

Übernimm Verantwortung

Wir Foodsaver sollten jeden vereinbarten Termin zur Abholung auch
wahrnehmen. Sonst kann das weitreichende Folgen haben, zum Beispiel, dass die Kooperation mit einem Betrieb platzt. Das wäre schade
für alle. Deshalb sollte man versuchen, den laufenden Betrieb nicht
zu stören und immer höflich zu sein. Denn für die Betriebe ist das Weg-
werfen leider viel einfacher, als uns die Lebensmittel zu geben.

Bring etwas Geduld mit

Wenn du Lebensmittel in der Nachbarschaft verteilen möchtest, kann
es am Anfang etwas dauern, bis sich die Nachbarn auch trauen, bei dir zu
klingeln. Ich habe deshalb bei nebenan.de nicht nur eine Gruppe eröffnet, sondern schreibe regelmäßig öffentliche Beiträge zum Thema, um
auch die neuen Mitglieder zu informieren. Dadurch wächst die Gruppe
der Abnehmer dann nach und nach.

Alles fließt

Nehmen wir einmal an, dass dein Netz nicht funktioniert. Die Telefon-
leitung – tot. Das Internet – tot. Der smarte Fernseher – mausetot. Dein
Telekommunikations-Dienstleister verspricht nach Stunden in der War-
teschleife, dass er einen Techniker vorbeischickt – der dann natürlich
nicht kommt. Ein Leben mit Netz ist überlebenswichtig. Zumindest
gefühlt für Kinder und Jugendliche. Für Freelancer ist es das tatsächlich.
Und für den Familienfrieden ist es auch nicht zu unterschätzen.

Erst in solchen Notsituationen klingelt man dann gerne beim Nachbarn mit der Bitte, sich für die Zeit im Offline in dessen Netz einwählen
zu dürfen. Und siehe da, das funktioniert auch noch ganz problemlos.
Da könnte man auf die verrückte Idee kommen, dass man sich im ganzen Haus ein WLAN-Netz teilen könnte – und nicht nur das, auch all die
Abo-Dienste von Netflix bis Sky. Und wer seine TV-Abos nicht teilen mag,
kann ja seine Nachbarn zum nächsten Champions-League-Abend einladen oder auch einen Filmzirkel ins Leben rufen.

Lesestoff für alle!

Hast du einmal in deinen Bücherschrank geschaut? Oder gar in deine
Bücherkisten im Keller oder auf dem Speicher? Unmengen von Werken,
die du vielleicht noch nie gelesen hast oder nie wieder zur Hand nehmen wirst. Und darunter sind sicher eine Menge Exemplare, die für
andere interessant oder gar einen hohen Wert haben können.

Leselinde Bücherschrank in
Nürnberg-Rennweg

Also ab damit. Zum Beispiel unter die Linde. Genauer gesagt: Unter die Linde im Nürnberger Stadtteil Rennweg. Dort haben ein paar Anwohner im Spätsommer 2017 die **Leselinde** eingeweiht – ein öffentlicher Bücherschrank, der 24 Stunden sieben Tage die Woche für alle frei zugänglich ist und von den Anwohnern gebaut, bestückt und genutzt wird.

Wer nicht gleich einen ganzen Schrank zusammenzimmern will, der kann vielleicht eine andere Idee in seinem Viertel umsetzen – vorausgesetzt, dort steht noch irgendwo eine alte Telefonzelle herum, die im Handy-Zeitalter ja ohnehin niemand mehr nutzt und die in der Regel vor sich hin gammelt. Der ideale Ort also, um Lesestoff unter die Leute zu bringen. Unter buecherboxx.wordpress.com findet man ein paar Tipps, wie sich die Zelle in eine kleine Buchkiste verwandeln lässt.

Eine andere Variante, um Literatur zum Gemeinschaftsevent zu machen, sind die beliebten Lesezirkel: Eine Handvoll oder ein Dutzend Bücherwürmer verabreden sich zum Austausch über den letzten Roman von Philip Roth oder einen Klassiker von Hermann Hesse. Du wirst sehen: Je vielfältiger die Runde, desto intensiver der Austausch. Ein Hinweis aus eigener Erfahrung: Die größte Hürde ist meistens die Einigung auf das nächste Buch, über das man diskutieren will. Hier hat sich bewährt, dass das Vorschlagsrecht reihum geht.

Wie man auch die Kleinen in seinem Viertel an diese Buchstaben auf Papier heranführt, haben die **Bücherpiraten** in Lübeck bewiesen. Anker ist ein historisches Dielenhaus in der Altstadt, das eine Mäzenin gekauft und den Piraten für einen symbolischen Mietpreis von einem Euro zur Verfügung stellt. Mit diversen Aktionen wie dem »Club der wundersamen Vorleser«, dem »Bücherpiraten-Festival« oder dem »Sommer der Worte« werden Kinder und Jugendliche ans geschriebene Wort herangeführt. Wer nicht gleich ein Haus für fast gratis zur Verfügung hat, kann sich dort aber wunderbar inspirieren lassen, wie man solch ein Projekt erfolgreich aufsetzt – und vielleicht entdeckst du ja einen Raum der Kirche oder der Kommune, den man nutzen kann. Mehr Informationen über die Bücherpiraten findest du unter buecherpiraten.de. Wer dort einen Blick hineinwirft, versteht sofort, warum sie Landessieger beim Deutschen Nachbarschaftspreis 2017 geworden sind.

Übrigens: *Auf der Website nachbarschaftspreis.de kann man noch viele andere tolle Initiativen entdecken, die vielleicht auch in deiner Nähe stattfinden. Viel Spaß beim Stöbern und Mitmachen!*

MEIN VIERTEL – MEIN MARKTPLATZ

Von Nachbar zu Nachbar

Die Nachbarschaft ist mehr als nur der Ort, an dem Menschen ihr Zuhause haben und dort auf vielfache Art und Weise untereinander Kleidung, Werkzeug oder Fahrräder teilen oder verleihen können. Sie ist auch ein kleiner, privater »Marktplatz«, über den nicht mehr benötigte Dinge auf kurzem Weg einen neuen Besitzer finden und somit ein zweites Leben geschenkt bekommen. Somit ist das Verschenken und Verkaufen in der Nachbarschaft nicht nur klein und privat, sondern zudem auch noch nachhaltig. Und dann soll es auch unbedingt so sein, dass man für Dinge in gutem Zustand den ein oder anderen Euro bekommt. Zum Beispiel für das Kinderbett, in das die Tochter beim besten Willen nicht mehr hineinpasst, den Riesen-Gummibaum, der für die eigene Wohnung zu groß geworden ist, oder den doppelten, nigelnagelneuen Staubsauger, der keine Daseinsberechtigung mehr hat, nachdem man mit der großen Liebe zusammengezogen ist.

Es gibt viele Arten, den Marktplatz im eigenen Viertel zu nutzen. Da sind das Schwarze Brett beim Lebensmittelhändler, Kita-Flohmärkte und die ab Seite 109 vorgestellten Hofflohmärkte. Doch auch online lässt es sich wunderbar lokales »Onlineshopping« betreiben. So findest du auf nebenan.de sogar eine eigene Marktplatz-Rubrik.

Im Vergleich zum anonymen Gebrauchtkauf auf den großen Verkaufsplattformen, lässt sich immer wieder beobachten, dass man unter Nachbarn richtige Schnäppchen machen kann. Mit Nachbarschaftsrabatt sozusagen. Denn der Verkäufer oder vielleicht sogar »Verschenker« spart Zeit, Vermittlungsgebühren und hat zudem das Gefühl, die heiß geliebten, aber leider zu engen Wanderstiefel in gute (weil nachbarschaftlich vertraute) Hände abgegeben zu haben.

Support your local dealer

Im Viertel gibt es aber auch eine Menge Geschäfte, die Waren und Dienstleistungen für einen funktionierenden Alltag anbieten – und wir reden hier nicht über die Kaufhofs und Karstadts dieser Welt. Da gibt es den Handwerker, den Weinhändler um die Ecke oder das Friseurgeschäft eine Straße weiter. Auch sie gehören zu einer lebendigen Nachbarschaft.

Denn sie sind nicht nur »Gewerbetreibende«, sondern weitaus mehr: Sie schaffen einen Begegnungsort für die Anwohner und die Inhaber. Sie machen ein Viertel in ihrer Angebotsdiversität zu einem lebendigen Ort. Der kurze Schnack am Backtresen, die Kinderlesung im Buchladen, der Kaffee beim Friseur – alles kleine Bausteine, damit man sich in seiner Umgebung wohlfühlt.

Sie schaffen einen Begegnungsort für die Anwohner und die Inhaber.

Wir finden: All die lokalen Wirtschaftsbetriebe sind in ihrer Bedeutung für die Nachbarschaft heillos unterschätzt. Sie gehören dazu und sollten eingebunden werden in die Community. Wer also vor Ort kauft, stärkt nicht nur die Geschäfte selbst, sondern sorgt dafür, dass Leben im Viertel ist, dass die Menschen gerne dort leben, dass Dynamik und Kraft sich entfalten.

»Support your local dealer« ist also mehr als nur ein Schlachtruf des lokalen Fachhandels, um seine Existenz zu sichern. Er ist auch die Aufforderung an uns alle, unsere Viertel lebendig zu halten. In manchen Kleinstädten und Stadtteilen von größeren Städten hat bereits das schleichende Ladensterben Einzug gehalten, was für viele – insbesondere ältere Menschen – eine echte Katastrophe ist.

Gute Geschäfte machen

So kannst du die Läden deiner Umgebung für dich nutzen:

✔ **Sponsoring**

Wenn du eine Aktion planst, die mit Kosten verbunden ist, kannst du bei den Ladenbesitzern um ein kleines Sponsoring bitten — sei es Geld oder Sachmittel. Bei einer Tombola lassen sich bei ihnen die Gewinne einsammeln, bei einem Straßenfest vielleicht die Getränke. Es kann sein, dass du dafür ein wenig Publicity für die jeweiligen Geschäfte machen musst. Aber dafür bekommst du ja auch etwas zurück.

✔ **Raum-Geber**

Insbesondere Bars und Restaurants freuen sich darüber, wenn sie die Anwohner durch gezielte Events regelmäßig begrüßen dürfen: Sei es für einen Singabend, zum Fußballgucken oder Skatabend. Andere Betriebe könnten ihre (Büro-) Räume nach Geschäftsschluss der Gemeinschaft zur Verfügung stellen.

✔ **Kompetenzen nutzen**

Der hiesige Stuhlmacher könnte Workshops für interessierte Anwohner anbieten, der Konditor Backabende für Kuchenverrückte, der Weinhändler Probierabende für »seine« Umgebung. Mach einfach mal einen Spaziergang durch deinen Stadtteil und halte die Augen auf, was dich interessiert und du selbst schon immer einmal machen wolltest. Vielleicht bringst du den einen oder anderen »Ladenhüter« auf ganz neue Geschäftsideen.

HOBBYS UND INTERESSEN (WIEDER-)ENTDECKEN

Es ist ein wenig wie bei einer guten Freundschaft oder gar Partnerschaft: Sie beruhen neben grundsätzlicher Sympathie und Zuneigung insbesondere auf gemeinsamen Werten, auf der Haltung dem Leben gegenüber und den Menschen. Bei nicht wenigen sind es auch die Interessen, die man teilt: Squashen, Boule spielen, die Liebe zu Tieren oder zu Musik, Theater und Konzerten. Sozusagen das i-Tüpfelchen jeder guten Beziehung. Nicht selten kommen die Leidenschaften aber mit der Zeit unter die Räder – das Meeting hat wieder länger gedauert als geplant, die Kinder fordern am Wochenende die gesamte Aufmerksamkeit ein und eigentlich muss man auch mal wieder seine Eltern besuchen. Gerade die Vielbeschäftigten unter uns verlieren im Hamsterrad des Alltags gerne jene Dinge aus den Augen, die auch wichtig sind und für die sie vielleicht einmal gebrannt haben, als noch mehr Zeit dafür war. Gerade sie aber sind es, die unsere Seele im Gleichgewicht halten. Ein wenig Raum für sich und seine Interessen macht einfach glücklicher.

Vielleicht wäre es also an der Zeit, sich einmal wieder den Dingen zu widmen, die dir richtig Freude bereiten (und wir hoffen, dass du das ohnehin schon tust – aber mehr Spaß geht ja immer). Dabei kann es hilfreich sein, andere mit gleichen oder verwandten Interessen in seiner näheren Umgebung zu finden, um »dranzubleiben« (Stichwort: Joggen!) und sich gegenseitig zu motivieren. Die kurzen Wege spielen dabei eine wichtige Rolle: Um die Ecke zu gehen ist einfach deutlich entspannter, als erst einmal stundenlang mit der S-Bahn zu fahren (Stichwort: Berlin!).

Als Erstes stellt sich die Frage: Worauf habe ich so richtig Lust? Wer seine Antwort gefunden hat, kann loslegen mit der Suche nach Gleichgesinnten, die um die Ecke wohnen. Und so ganz en passant sogar seine Nachbarschaft zusammenbringen.

Mit der Kraft des Sports

Wie zum Beispiel in Bad Düben, einer beschaulichen Kurstadt zwischen Leipzig und Wittenberg mit 8.000 Einwohnern. Das Netzwerk für Sport und Integration veranstaltet dort neben vielen anderen Aktionen ein Fest mit dem treffenden Namen **Neue Nachbarn kennenlernen**. Meistens im April kommen dann Groß und Klein aus dem Ort zusammen und treiben gemeinsam Sport. 2017 zum Beispiel lud das Netzwerk zu einem Soccerturnier ein, bei dem neun Mannschaften an den Start gingen mit Namen wie »Lokomotive«, »BVB« oder »You Tube« – und »PLS«, eine Abkürzung für Palästina, Lybien, Syrien. Denn neben dem Kennenlernen seiner Mitmenschen spielt dort auch das Thema Integration von geflüchteten Menschen eine besondere Rolle. Ein Thema, das überall in Deutschland sicher noch für längere Zeit auf der Tagesordnung stehen und unsere Gesellschaft weiter prägen wird.

Was in Bad Düben passiert, lässt sich natürlich an jeden Ort übertragen. Warum nicht gemeinsam mit dem lokalen Sportverein etwas Ähnliches auf die Beine stellen? Zum beiderseitigen Nutzen, denn schließlich könnte der Verein solch ein Nachbarschafts-Sportevent dazu nutzen, neue Mitglieder zu werben. Und selbst wenn man sich nicht mit einem Verein zusammentun will, gibt es sicher Parks oder öffentliche Bolzplätze in der Nähe, die man als Nachbarschaft nutzen kann. Natürlich nicht nur zum Kicken – ein Sportfest mit Federball, Slackline und Boule funktioniert auch, umrahmt von einem Grillfest mit selbst gemachten Salaten und Kuchen.

Denn neben dem Kennenlernen seiner Mitmenschen spielt dort auch das Thema Integration von geflüchteten Menschen eine besondere Rolle.

Ein Fest zu organisieren bedeutet auch immer Aufwand und Kosten und erfordert Organisationstalent. Wer den Aufwand trotzdem nicht scheut, bekommt hier eine kurze Checkliste, was es zu klären gilt:

1 **Ort**: Mach einen Spaziergang durchs Viertel und finde einen guten Platz für dein Event. Achte darauf, dass du in öffentlichen Räumen bei größeren Veranstaltungen eine Erlaubnis der Behörde brauchst.

2 **Platzplan:** Je nachdem, welchen Ort du zur Verfügung hast, kannst du einen Plan entwerfen, wo Sport gemacht werden soll und wo der Raum fürs Chillen und Grillen ist.

3 **Termin:** Beachte Feiertage und Ferienzeiten. Am besten sind wohl Wochenenden von Frühjahr bis Herbst geeignet.

4 **Kommunikationskanäle:** Wie machst du das Fest bekannt? Aushänge, kleine Flyer für die Briefkästen, Poster in den Geschäften, Weitersagen – und gerne auch die Plattform von nebenan.de.

5 **Sportmaterial:** Wer hat Sportgeräte für Federball, Fußball, Boule, Slackline, Springseil, Hula-Hoop, Volleyball usw.? Man kann natürlich auch die guten alten Aktivitäten anregen wie Eierlaufen und Sackhüpfen – was wohl eher bei den Kleinen beliebt ist. Aber man hat auch schon Erwachsene in Jutesäcken herumhüpfen – und fallensehen.

6 **Wohlfühlmaterial:** Wer hat Tische, Stühle, Decken?

7 **Essen und Trinken:** Kläre, wer was macht. Wer bringt einen Kuchen mit? Wer sorgt für Getränke? Wenn du grillen willst, brauchst du außer einem Grill auch Kohle, Anzünder und ein Feuerzeug (wird gerne vergessen). Gerade bei diesem Punkt solltest du dir auch Gedanken über die Kosten machen. Bei den »Fressalien« ist es gute Sitte, dass jeder etwas beisteuert, ohne dass Geld fließt. Bei den Getränken sieht das oft anders aus. Wie auch immer du das organisierst: Wichtig ist gerade beim lieben Geld eine klare Kommunikation. Und: Denke auch daran, dass jeder weiß, dass er oder sie das eigene Geschirr und Besteck mitbringen sollte – alles andere ist nicht nachhaltig.

8   **Der »Eisbrecher«:** Du kannst darauf vertrauen, dass die Menschen von sich aus ins Gespräch kommen – die Kinder haben da ja meistens kein Problem, wir Erwachsene sind da etwas schwieriger. Für den Fall, dass es etwas »hakt«, wäre es vielleicht nicht schlecht, ein paar teambildende Maßnahmen in petto zu haben.

9   **Aufräumen:** Kläre am besten sehr früh, wer am Ende der Veranstaltung beim Aufräumen hilft. Im Idealfall packt jeder mit an, aber das Ideal ist oft ein frommer Wunsch. Nagle also eine Handvoll Leute darauf fest, dir beim Mülleinsammeln und Ordnungschaffen zu helfen.

10   **Nach dem Spiel ist vor dem Spiel:** Wer solch ein Event gerne regelmäßig veranstalten möchte, sollte ein paar Fotos machen und in den sozialen Medien posten – für Nachahmer und als Material fürs nächste Mal.

Wem das eine Nummer zu groß ist, der kann für seinen Eigenbedarf nach Mitstreitern suchen. Wer hilft mir, meinen eigenen Schweinehund zu besiegen und geht regelmäßig mit mir Joggen? Wer hat Lust, mein Squash- oder Badminton-Partner zu sein? Wer hat im Keller oder auf dem Dachboden eine Tischtennisplatte stehen, die man vor dem Verstauben bewahren kann? Wenn das eigene Sportprogramm so nicht ins Rollen kommt, kannst du immer noch zu großen Sportereignissen in die eigenen vier Wände einladen: Funktioniere beispielsweise dein Wohnzimmer in ein WM- oder Olympia-Studio um.

Fußballturnier organisiert von »Über den Tellerrand« in Berlin

Für die Kreativen: Handwerk und Kunst

Kaum etwas lässt die Seele so entspannen wie handwerkliche und künstlerische Tätigkeiten. Der Fokus liegt ganz auf dieser einen Sache, in die man sich versenkt und mit der die Zeit wie im Flug vergeht – ganz zu schweigen von der Freude am fertigen »Produkt«. Basteln, Malen und Werkeln sind der perfekte Ausgleich für die alltäglichen Anstrengungen, Kreativität wohltuender Balsam für die Psyche. Und ein guter Hebel, um Gemeinschaft zu schaffen. Zum Beispiel so:

Frage in der Nachbarschaft nach Gleichgesinnten und lade zu dir zum **Bastelabend** ein. Wenn du das entsprechende Material zur Verfügung stellst, senkt das die Eintrittsschwelle. Wenn andere ihre Utensilien mitbringen wollen, umso besser. Und denk daran, vorher alles mit Papier auszulegen.

Wer zum Beispiel gerne malt, kann Ausschau halten nach bereits versierten Künstlern in der Umgebung. Wer gerne schraubt, sägt und hämmert, findet vielleicht einen Handwerker, der Freude daran hat, sein Know-how weiterzugeben. Und anders herum bist ja möglicherweise du selbst jemand, der gerne ein gemeinsames Projekt initiiert, wie beispielsweise eine Nachbarschaftsbank bauen, die vor dem Haus steht und auf der man sich abends zum gemütlichen Ausklang trifft.

Stricken soll ja wieder »in« sein – warum also nicht einen **Strickliesel-Abend** ins Leben rufen, an dem die Nadeln zum Glühen gebracht werden, während man über Politik und Promis, Kinofilme und Kinderfragen klönt. Und wer das Gestrickte nicht für den Eigengebrauch will, könnte einen **Strick-Charity-Abend** veranstalten und Mützen, Schals und Handschuhe für Bedürftige fertigen oder für den nächsten Nachbarschaftsflohmarkt.

Die Möglichkeiten sind unendlich! Lass deiner Kreativität freien Lauf und lass dich auch gerne von anderen inspirieren. Zum Beispiel von Carmen aus Hamburg-Eimsbüttel. Sie bietet auf nebenan.de einen Workshop zum Thema »Bücherbinden selbst gemacht« an. Tolle Idee! Oder du lädst die Kinder deiner Nachbarschaft zum Adventsbasteln oder an Ostern zum Eierbemalen zu dir ein. Die Kleinen können ihre Malstifte und Bastelutensilien selbst mitbringen – und wenn sie von den Eltern abgeholt werden, kann man ja auch noch ein Glas Wein zusammen trinken und über eine Verstetigung der Bastelnachmittage nachdenken.

Man kann natürlich ganz einfach bei sich zu Hause malen, als Akt der Versenkung und als Zeit nur für sich. Viele schätzen aber gerade auch das Gemeinschaftserlebnis. Das haben sich die Macher von **ArtNight** auch gedacht: Seit 2016 organisieren sie in mittlerweile mehr als zwei Dutzend Städten in Deutschland sowie in Wien Mal-abende. Unter Anleitung von lokalen Künstlern kommen abends jeweils Gruppen von 25 Personen zusammen, ganz nach dem Motto: Staffelei statt Bildschirm!

Die Abende – meistens in Restaurants oder Bars – stehen unter immer neuen Mottos: Mal geht es um das Werk berühmter Künstler, mal gibt es motivbezogene Kunstnächste wie »Ein Tag am Strand« oder »Sonnenuntergang am Meer«. Es wird abstrakt gemalt oder romantisch, mit Kreide oder Pinsel. In der Wahl des Mottos und der konkreten Ausgestaltung sind die jeweiligen Künstler frei, die Werke darf natürlich jeder mit nach Hause nehmen. Tickets können über die Website artnight.com gebucht werden.

Tierfreunde aufgepasst

Auf Seite 50 haben wir bereits beschrieben, wie sehr Tiere Menschen verbinden können – und zwar Menschen, die bereits Hund, Katze oder Papagei zu Hause haben. Aber was ist mit all jenen, die keine eigenen Haustiere halten dürfen oder können?

Für diese Menschen ist **Petsharing** die richtige Idee. Der Name ist Programm: Hier werden Tiere geteilt. Es gibt genügend Tierhalter, die wie ein Hund darunter leiden, wenn sie ihren kleinen oder großen Hausfreund tagsüber stundenlang alleine lassen müssen, weil sie arbeiten müssen. Hunde dürfen nicht mit ins Büro gebracht werden, die Kinder erweisen sich als unzuverlässige Gesellen beim Gassigehen und bei Urlaubs- oder Dienstreisen müsste die Katze ins Tierheim gebracht werden.

Wichtig: *Nicht für jeden Vierbeiner ist das Teilen eine gute Idee. Viele Tiere, vor allem Hunde und Katzen, brauchen Kontinuität und ein klar definiertes Zuhause. Vögel oder Hamster hingegen kommen mit dem Prinzip sicher besser klar.*

Also warum nicht auch hier die Nachbarschaft mit ins Boot holen? Wer bereits ein Haustier besitzt und immer mal wieder Hilfe braucht, kann in der Umgebung nach Unterstützern suchen. Wer gerne ein Tier bei sich halten will, bei dem das aber bislang aus welchen Gründen auch immer einfach nicht möglich ist, kann nach einem Helferkreis Ausschau halten. Wer kein Halter sein will oder kann, könnte Tierbesitzer ausfindig machen, die Hilfe brauchen.

Das Prinzip Sandkasten

Falls du (noch) keine Kinder hast, empfehlen wir Folgendes: Nimm dir einmal fünf Minuten Zeit und besuche im Sommer gegen 16 Uhr nach Schließung der Kita einen Spielplatz deiner Wahl und setze dich auf eine Bank (wenn du einen Platz findest) oder an den Rand des Sandkastens. Du wirst schnell feststellen, wie komplex das Thema Elternsein ist. Zwischen Schaufel und Eimer werden die essenziellen Fragen von Aufzucht und Pflege der Kleinen erörtert. Aber im Ernst: Das Thema Kinder ist unerschöpflich und ungemein verbindend.

Das Prinzip Sandkasten lässt sich über seinen Rand hinausdenken. Warum diese Begegnungen dem Zufall überlassen? Warum nicht eigens Sandkasten-Beziehungen initiieren und erweitern? Zum Beispiel für die Zeit, wenn es draußen kalt wird und spätestens nach zwei Stunden allein mit dem Kind die Nerven blank liegen? Und Hilfe im Kleinkinderalter ist ohnehin immer nötig. Du wirst sehen: Vielfalt kommt auch dem Werden der Kleinen zugute. Ganz im Sinne des alten afrikanischen Sprichworts: »Um ein Kind zu erziehen, braucht es ein ganzes Dorf.« Nutze die Diversität deiner Nachbarschaft also nicht nur zur eigenen Entlastung, sondern auch zum Wohle deines Kindes.

Vorschläge für ein entspanntes Elternleben

Organisiere ein Netzwerk in deiner Umgebung, das dir hilft, dein Kind in vertraute Obhut geben zu können, wenn du ins Kino willst oder wenn es im Büro einmal wieder länger dauert. Im Netzwerk müssen nicht nur andere Eltern sein – es gibt sicher auch ein paar ältere Semester, die Zeit dafür aufbringen wollen.

- **Initiiere Treffen,** bei denen neben Spielsachen, Kinderbüchern und Kleidung auch Know-how geteilt werden kann.
- **Bilde Fahrgemeinschaften** für Sportaktivitäten, Kindertheaterbesuche, Geburtstage und Zoobesuche.
- **Lade andere Eltern und ihre Kinder** zum Ostereiermalen oder Weihnachtskekse-Backen ein, veranstaltet reihum Spiele-, Bastel-, Sing- und Vorlese-Nachmittage.
- **Ruf einen Kreis ins Leben,** der bereit ist zu tauschen – und damit meinen wir nicht die Kinder, sondern nicht ständig in Gebrauch befindliche Utensilien wie Reisebetten, Zelte, Schneeanzüge, Wassermatratzen usw.

Da ist Musik drin – und mehr

Ende Oktober 2017 war es einmal wieder so weit. Diesmal standen die Kneipen Deichdiele, Don Mateo, Pakalolo und Mini Bar auf dem Programm, allesamt im Reiherstiegviertel in Hamburg-Wilhelmsburg beheimatet. Der Nachbarschaftschor **Kanal & Lieder** war zum fünften Mal auf Sanges-Kneipentour unterwegs. Und wer den Damen und Herren beim Singen zuschaute, der stellte schnell fest: Das hat richtig Laune gemacht.

Die 30 Mitglieder zwischen 20 und 70 Jahren treffen sich immer montagabends zum gemeinsamen Singen in einem Gemeindesaal. Mitmachen kann jeder: Nach einer kostenlosen Probestunde zahlt man bis zu 26 Euro im Monat – dafür hat man aber eine professionelle Leitung. Und jede Menge Spaß (mehr Informationen unter kanalundlieder.jimdo.com). Ihr Schlachtruf: Sing doch, wo du wohnst!

Ein guter Tipp. Vielleicht erinnert sich noch der eine oder andere, welche Freude der Schul- oder Kirchenchor in der Jugend bereitet hat. Wenn Brustraum und Stimmbänder vieler vibrieren, klingt das nicht nur wunderbar, sondern wirkt auch befreiend für den Kopf. Für nicht wenige ist es regelrecht die beste Medizin für gute Laune. Kein Wunder, wenn mittlerweile sogar Tausende in Einkaufszentren (etwa in der Europa-Passage in Hamburg) zusammenkommen, um Weihnachtslieder zu singen.

Nachbarschaftschor in Leipzig-Plagwitz

Der Club der Sänger

Es gibt natürlich eine Vielzahl von Gesangs-
runden, organisiert von Nachbarschaftshäusern,
Kirchengemeinden oder Vereinen. Hier ein paar
inspirierende Organisationen, denen man sich
anschließen kann:

✔ **Rudelsingen:**

Auf **rudelsingen.de** findest du Dutzende Städte
im ganzen Land, in denen sich Menschen zum
gemeinsamen Singen treffen — ob in Bremen,
Köln, Frankfurt am Main oder Konstanz. Das
Gesangsportfolio: Gassenhauer von gestern
bis heute.

✔ **Gemeinsam singen:**

In Heidelberg trifft sich Jung und Alt im
Mehrgenerationenhaus »Schweizer Hof« und
trällert Kanons, Balladen und Gospels.

✔ **AnKlang:**

In Berlin bietet die Gesangstherapeutin
Anja Grugel MitSing-Events an, ein mobiles
Kollektiv-Karaoke-Event in der Tradition
des fränkischen Wirtshaus-Singens. Heißt:
Songtexte werden — egal, an welchem Ort —
auf eine Leinwand projiziert, Anja Grugel
begleitet mit Gitarre oder Akkordeon, alle
singen mit. (**anklang.net**)

Tag der Nachbarn in Berlin

Singen und Musik bringen Menschen gerne und auf beschwingte Weise zusammen. Dabei lassen sich neben einem Nachbarschaftschor die unterschiedlichsten Formate denken:

1 **Gemeinsam musizieren:** Vielleicht findet sich im Kiez ein Streichquartett, eine Band oder eine Blaskapelle, die nur für sich oder auch auf dem nächsten Nachbarschaftsfest spielt? Einen Raum stellt sicher die Kirche, das Jugendzentrum oder die Schule nebenan zur Verfügung.

2 **Gemeinsam zuhören:** Musikliebhaber treffen sich und stellen ihre Lieblingsmusik und -musiker vor – und was sie damit verbinden. Profis können mitunter stundenlang über Einflüsse von Musikrichtungen auf diesen einen Song erzählen und Verbindungen in andere Kulturbereiche und gesellschaftliche Strömungen knüpfen.

3 **Gemeinsam Party machen:** In den Metropolen gibt es an jedem Abend eine Reihe von Konzerten, für die sich Gleichgesinnte begeistern lassen. Feiern ist noch immer eine Garantie für gute Beziehungen in der Nachbarschaft.

4 **Gemeinsam anhimmeln:** Der absolute Knüller ist für Fans bestimmter Sänger oder Bands, wenn sie ihre Leidenschaft mit anderen teilen können. Wer weiß, vielleicht gibt es bei dir im Viertel ja bald einen Justin-Bieber-Fanclub?

5 **Gemeinsam lernen:** Und wer es so richtig draufhat, der kann seine Musik-Expertise natürlich auch dafür nutzen, andere zu unterrichten – sei es im Spielen eines Instruments oder im Gesang.

6 **Gemeinsam tauschen:** Vinyl-Freunde treffen sich, um Platten zu tauschen.

Theater, Museum und Co.

Jetzt ist Zeit für Konfetti. Sozialer Menschenrechtspreis, Smart Hero Award, Deutscher Nachbarschaftspreis – das Projekt **Kulturisten-Hoch2** aus Hamburg hat alle Pokale abgeräumt, die es in ihrem Tätigkeitsbereich gibt. Und das zu Recht. Die Idee: Oberstufenschüler begleiten Senioren mit kleiner Rente in Theater und Museen – wovon beide Seite profitieren: Die Jugendlichen lernen Sozialkompetenz und Empathie für die ältere Generation; den Senioren wird die Teilhabe am gesellschaftlichen Leben ermöglicht.

Das Projekt nutzt, die Kraft von Kunst und Kultur, Mittler zwischen den Generationen zu sein.

Das spendenbasierte Projekt macht es möglich, dass die Eintrittstickets für das Tandem kostenlos sind, ebenso wie etwaige Kosten für Bus und Bahn und sogar Garderobe und Pausengetränke sind gratis. So kann KulturistenHoch2 niedrigschwellig den Austausch und das Kennenlernen zwischen den Generationen anregen. Auf der Website heißt es: »Durch wechselseitige Achtsamkeit soll der Zusammenhalt im gemeinsamen Stadtteil gestärkt werden. Dabei nutzt das Projekt die Kraft von Kunst und Kultur, Mittler zwischen den Generationen zu sein.« Die Schüler werden in schulinternen Workshops und einem Training unter fachlicher Anleitung auf ihr freiwilliges Engagement vorbereitet, die Senioren müssen »nur« noch einen der Jugendlichen »buchen«: kulturisten-hoch2.de.

Das ist natürlich schon ganz großes Kino. Eine Nummer kleiner könnte es aber auch klappen – warum nicht für die Senioren in der Nachbarschaft genau diese Hilfe auf ähnliche Weise anbieten?

Projekt KulturistenHoch2

GEMEINSAME UNTERNEHMUNGEN

Man kann sich Gegenstände leihen und schenken, man kann Dienstleistungen tauschen und anbieten – doch sicher ist kaum etwas so schön und gemeinschaftsbildend, wie zusammen etwas auf die Beine zu stellen und zu erleben, Spaß zu haben und sich gemeinsam wohlzufühlen. Jeder so, wie sie oder er es mag. Seien es Stammtische, Spieleabende, Wohnzimmerkonzerte und etwas Großes wie Straßenfeste und Flohmärkte. Oder so etwas Schönes und Schräges wie der »Lebendige Adventskalender«. Was allen Aktivitäten gemein ist: Sie brauchen eine gute Planung. Denn schließlich sagt der Volksmund nicht umsonst, dass Planung das halbe Leben sei. Okay, das ist natürlich heillos übertrieben. Trotzdem kann es hilfreich sein, wenn du bei egal welchem Event einen Plan hast, an dem du dich orientieren kannst – und den du dann mit deinen Erfahrungen modifizieren, erweitern oder abspecken kannst, damit die Organisation beim nächsten Mal schon leichter wird.

Damit dir die Vorbereitung leichter fällt, haben wir hier ein paar Tipps und Tricks zusammengetragen, die dir helfen können.

Kommt mal alle an einen Tisch!

In der manchmal guten alten Zeit war er – heute würde man sagen – DER zentrale Kommunikations-Knotenpunkt in Dörfern und Stadtvierteln: der Stammtisch. Einige kamen jeden Tag, andere einmal in der Woche dort zusammen, um über den neuesten Tratsch aus der Nachbarschaft bis hin zur großen Politik zu debattieren. Aber auch um sich gegenseitig zu helfen und Anteil zu nehmen am Leben der anderen. Kurz: Der Stammtisch ist auch heute noch der einfachste Weg, um seine Nachbarn auch im echten Leben besser kennenzulernen und Ideen zu spinnen, wie man die nächste Umgebung noch besser beleben kann. Und wer die leicht angestaubte Bezeichnung nicht mag, wird einfach kreativ – »Nachbarschaftstreff«, »Wir um vier« oder »Meet up«. Dir fällt bestimmt etwas Gutes ein!

Wenn du ein Stammtischtreffen organisieren willst, gehe am besten so vor:

1 Finde einen passenden Ort
Am besten schlägst du einfach eine Bar oder ein Restaurant im Viertel vor. Falls dir kein guter Ort einfällt, frag einfach deine Nachbarn. Beachte dabei, dass der Tisch nicht zu klein ist. Für den Anfang empfehlen wir einen Platz für zehn Personen.

2 Lade die Nachbarn ein
Erstelle eine Veranstaltung (am besten mit Foto) in deiner Nachbarschaft auf nebenan.de – das ist am einfachsten. Aber natürlich kannst du auch einfach eine Einladungskarte in die Briefkästen werfen.

3 Bestelle das Stammtisch-Set
Das Stammtisch-Set von nebenan.de bietet einige nützliche Unterlagen, die dir die Organisation und das Kennenlernen erleichtern: einen Aushang, um dein Vorhaben bekannt zu machen, einen Tischaufsteller, damit beim Ankommen im Lokal sofort alle Nachbarn den richtigen Tisch finden, Namensschilder sowie Aufkleber und Postkarten. Das Set findest du im nebenan Magazin (magazin.nebenan.de) unter der Rubrik »Selber machen« und kannst es dort auch kostenlos bestellen.

4 Jetzt kann der Stammtisch beginnen
Natürlich steht am Anfang das Kennenlernen. Wenn du die Runde mit ein paar Impulsen versorgen willst, dann bring doch einige Ideen für mögliche Veranstaltungen in der Nachbarschaft ein. Sammle und schau, was am ehesten gewünscht ist. Und vielleicht erklären sich auch schon einige der Stammtischler bereit, eine neue Aktion in die Hand zu nehmen.

5 Erzähle es weiter
Berichte den anderen in der Nachbarschaft von dem Treffen, indem du einen Beitrag mit Fotos erstellst. So kommen beim nächsten Mal sicherlich noch ein paar mehr Nachbarn dazu. Wir sind uns sicher: Wenn alle »nur« mündlich darüber erzählen, wirst du beim nächsten Mal einen größeren Tisch brauchen.

Und wer weiß: Vielleicht wird die Runde irgendwann so groß, dass du mehrere Stammtische eröffnen musst. Die kannst du zum Beispiel nach Themen aufteilen (Katzen-Stammtisch, Lieder-Stammtisch, Fußball-Stammtisch) oder nach Alter und Hobbys.

It's not just a game

Viele von uns mutieren zu echten Nerds, wenn es um Spiele geht. Selbst bei Pärchen- oder Freundesabenden zu Hause vergehen mitunter keine zehn Minuten nach dem Dessert, ohne dass irgendjemand fragt, ob man nicht gemeinsam spielen wolle. Skat, Scrabble, Spiel des Lebens. Umso frustrierender ist es für die Game-Verrückten, wenn niemand am Tisch die Begeisterung teilen mag – dafür gibt es aber natürlich eine Lösung.

Zur Organisation von Spieleabenden ist zum Beispiel die Plattform **Meetup (meetup.com)** eine gute Anlaufstelle. Dort ist man unter sich und dem Spielvergnügen steht nichts im Wege: Wer sich einträgt, bekommt eine Fülle von Vorschlägen, wann wer in seiner oder ihrer Nähe spielt. Momentan ist das Angebot noch auf Berlin beschränkt – dafür aber ziemlich prall: Es treffen sich Menschen zum Poker und Skat, zum Schach und Doppelkopf, zum Bridge und FIFA spielen. Und nicht nur das: Mittlerweile haben sich auch Gruppen gefunden, die gemeinsam ausgehen (Mädels-Night) oder sich als Unternehmer austauschen. Auch hier gilt natürlich: Der Fantasie sind keine Grenzen gesetzt.

Und wer es nicht so mit dem Digitalen hat, der kann natürlich auch seine Spielsammlung begutachten und direkt seine Nachbarn für einen Abend einladen. Oder du lädst mit der Bitte ein, dass jeder ein Spiel mitbringen möge – auch wenn du nur eins am Abend schaffst. Aber dann hast du wenigstens einen guten Grund, dich für den nächsten Spieleabend zu verabreden.

Werde zum Entdecker deiner Umgebung!

Kennst du das auch? Da geht man tagein tagaus auf seinem Weg zum Einkaufen an einem roten Backsteingebäude vorbei oder an einer Kirche – und irgendwann erzählt dir jemand eine Geschichte dazu, die spannend wie ein Krimi ist: Hier hat ein berühmter Dichter gewohnt, dort steht der älteste Barockaltar Deutschlands und um die Ecke war die Geburtsstätte eines Business-Imperiums. Wir müssen nicht immer in die Welt hinaus, um Neues zu erfahren, manchmal reicht auch der Blick in die Nachbarschaft. Einige Kommunen bieten mitunter regelmäßige Stadtführungen an wie zum Beispiel der Berliner Stadtteil Charlottenburg-Wilmersdorf. Der derzeitige Bezirksbürgermeister Reinhard Naumann führt höchstpersönlich kostenlos an jedem zweiten Samstag im Monat durch einen Kiez, jedes Mal ist ein anderer dran. Dabei geht es um Frauenvereinigungen und Künstler, die Arbeit der Stadtreinigung und Schulen oder um berühmte Persönlichkeiten auf dem Friedhof und lebendige Museen.

Ein tolles Vorbild dafür, wie du selbst etwas initiieren kannst. Und wer nicht gleich nach Berlin fahren will oder kann, um sich durch einen der Kieze führen und sich ein wenig inspirieren zu lassen, für den haben wir hier einen kleinen Plan. Vielleicht bist ja genau du jemand, der die Nachbarschaft wie seine Westentasche kennt. Dann mach doch einfach den Tourleiter und nimm Interessierte mit auf einen Spaziergang durchs Viertel. Du kannst Anekdoten erzählen, zeitgeschichtliche Einblicke geben, Kneipen besuchen, Einkaufstipps verraten und mehr. Alles ist erlaubt. Na ja, fast. Denn entscheidend ist natürlich, dass sich die Teilnehmer unterhalten fühlen und Spaß haben. So ein Nachbarschaftsspaziergang ist der perfekte Anlass, die Menschen aus seiner Umgebung mit neuen Augen zu sehen, in Kontakt zu kommen – und das Miteinander zu stärken.

> *Wir müssen nicht immer in die Welt hinaus, um Neues zu erfahren, manchmal reicht auch der Blick in die Nachbarschaft.*

Und so organisierst du einen Spaziergang durch dein Viertel:

1 Erzähle von deinem Vorhaben
So bekommst du ein Gefühl dafür, wie groß das Interesse bei den Nachbarn ist. Und wenn du keine Resonanz bekommst, einfach in die nächste Straße gehen und fragen ...

2 Gewinne Mitstreiter
Die meisten Dinge gehen einfacher von der Hand, wenn man sie gemeinsam macht. Frage deshalb interessierte Nachbarn, ob sie bei der Organisation helfen wollen.

3 Plane die Route
Die Route sollte etwa zehn Stationen beinhalten und nicht länger als 1,5 Stunden dauern. Schön wäre es natürlich, wenn du Mitstreiter an der Seite hast, die an den verschiedenen Stationen jeweils etwas erzählen können – so bleibt nicht alles an dir hängen. Es sei denn, du bist selber ein großes Kommunikationstalent.

4 Erstelle und kommuniziere die Veranstaltung
Sobald der genaue Termin und der Ort feststehen, erstelle eine Veranstaltung zum Beispiel auf nebenan.de. Ein Tipp: Beiträge mit Fotos bekommen mehr Rückmeldungen. Lege am besten eine öffentliche Veranstaltung an und teile sie auch per Facebook und E-Mail. Aber auch hier gilt natürlich: Einladen kannst du auch über einen kleinen Flyer in den Briefkästen.

5 Halte die Nachbarschaft auf dem Laufenden
Insbesondere kurz vor der Veranstaltung ist es hilfreich, noch einmal alle potenziellen Teilnehmer zu erinnern. Wenn du ein echter Profi bist, dann spicke den Reminder mit neuen, interessanten Fakten und mache neugierig.

6 Sorge für Unterhaltung
Unterhaltung ist die beste Garantie, dass der Spaziergang ein Erfolg wird. Achte am Tag selbst darauf, dass alle Teilnehmer mit Freude dabei sind! Vielleicht machst du mit einer Freundin oder einem Freund vorher einen Probedurchgang, damit du Feedback bekommst und dich sicherer fühlst.

Der Motto-Rundgang

Wenn man sich mit seinem Viertel beschäftigt, geht man manchmal sogar unter in Material und Fakten. Da kann es ratsam sein, den Rundgang unter ein Motto zu stellen, zum Beispiel:

✔ Die historische Nachbarschaft

Was ist hier passiert? Wer hat einmal hier gewohnt? Wie sah es früher hier aus?

✔ Gute Ratschläge

In welcher Boutique wird man am besten beraten? Wo schmeckt die Pizza am leckersten? Was kann man sonntags gut unternehmen?

✔ Abseits der Stadt

Wer kennt schöne Wege für Spaziergänge? Wer hat welche Lieblingsplätze, an denen man ein Picknick machen könnte?

✔ Erkundung der Nachbarschaft

Entdeckungstour mit Kindern

Und immer dran denken: Im Vordergrund steht die gemeinsame Aktivität mit den Nachbarn, es müssen also nicht sämtliche Jahreszahlen auswendig aufgesagt werden können. Hauptsache, es kommt ein schöner und unterhaltsamer Rundgang zustande!

Ein besonders schöner Motto-Rundgang kann etwa der **Kräuter-spaziergang** sein. Da die wenigsten unter uns Experten auf dem Gebiet sind, kann man sich dafür aber auch professionelle Hilfe holen, wie etwa bei Heilpraktikerin Anne Henschel aus Hamburg. Neben der Arbeit in ihrer Praxis bietet sie 90-minütige Exkursionen durch die Parks der Hansestadt an und gibt Antwort auf Fragen wie: Welche Pflanze hilft, wenn ich einen Bienenstich bekomme? Was kann ich machen, wenn ich blute und gerade kein Pflaster zur Hand habe? Wie sammle ich mir meinen eigenen Tee, wie kann ich aus »Unkräutern« einen leckeren Salat machen? Der Blick der Teilnehmer geht dann nicht nach oben, sondern nach unten, zu den ganz unscheinbaren »Mitbewohnern« um uns herum. Vielleicht recherchierst du einmal, wer sich in deiner Nähe auskennt – oder du organisierst solch eine fachkundige Führung für die Gemeinschaft. Natürlich mit anschließendem Kräuterkochen.

Eine Nummer größer ist die Initiative Mundraub. Auf **mundraub.org** findest du die größte Onlineplattform für die Entdeckung und Nutzung »essbarer Landschaften« weltweit. Dort lassen sich Fundorte von Obstbäumen und wilden Kräutern kartieren, Aktionen wie gemeinsames Ernten anlegen und Gruppen gründen. Hier erfährst du, dass zum Beispiel vor der Herz-Jesu-Kirche in der Buttermelcherstraße im Herzen Münchens ein Zwetschgenbaum steht, bei dem man sich bedienen kann. Oder dass hinterm Dom in Köln an den Treppen hinunter zum Rhein wilder Lavendel und Thymian wachsen und von jedermann geerntet werden können. Oder anders gesagt: Schau einmal auf die Seite von Mundraub und überzeuge dich selbst, ob es in deiner Umgebung Obst, Kräuter und Co. gibt – und fertig wäre dein eigener Motto-Spaziergang.

Wichtig: *Falls du über Mundraub etwas organisierst, mache dich auf der Website mit den sogenannten Mundräuber-Regeln und der Vision vertraut.*

Geht auf die Straße!

Straßen und Plätze sind auch nicht mehr das, was sie einmal waren. Früher waren sie »Lebensraum« – man hat sich dort auf Bänke und Stühle gesetzt, gespielt und unterhalten. Heute werden sie vor allem vom Verkehr dominiert, von Parkplätzen und breiten Fahrspuren. Für Anwohner und Gäste bleibt oft nur ein schmaler Bürgersteig.

Doch man kann sich »seine« Straße zurückholen. Stell dir nur einmal vor, wie deine Heimatstraße ohne Autos und Verkehr aussehen würde. Wie viel Platz da wäre! Und was man da alles anstellen könnte. Zum Beispiel feiern. Bei einem Straßenfest. Denn kaum etwas macht die Nachbarschaft so sehr zu einem Ort der Begegnung. Es ist wie bei einer guten Party: Man lernt sich kennen, bleibt auch darüber hinaus noch in Kontakt und kann sich gegenseitig helfen – und vielleicht sogar weitere Projekte anschieben und die Stadt aktiv mitgestalten.

Die Straße gemeinsam zu erleben, verändert auch noch auf andere Weise etwas über den Tag hinaus. Das fängt bei den einzelnen Menschen an. Wer seine Nachbarn kennt, ist glücklicher. Wer mit den »Fremden« in der Straße spricht, ist weniger misstrauisch. Wer an der Ecke gegrüßt wird, fühlt sich in der Stadt schneller zu Hause. Wer im Notfall auf seine Nachbarn zählen kann, schläft ruhiger. Und es geht noch weiter: Kleine Geschäfte überleben, wenn Nachbarn sie kennen und nutzen. Die Straße ist sauberer, wenn alle darauf aufpassen.

Tag des guten Lebens in Köln-Ehrenfeld

Tag des guten Lebens in Köln-Ehrenfeld und in Köln-Deutz

Klar ist: So ein Straßenfest fällt nicht einfach vom Himmel.
Am Anfang bedeutet es viel Arbeit. Die gute Nachricht: Ist der Grund-
stein einmal gelegt, läuft die Organisation in den Folgejahren wie
von alleine. Na ja, zumindest fast.

Wir haben dir einen ersten Überblick über die wichtigsten Punkte,
die es bei einem Straßenfest zu beachten gilt, zusammengestellt:

1 Teamarbeit
Es braucht immer eine Kerngruppe, die die Zügel in die Hand nimmt,
sich regelmäßig trifft und größere Treffen einberuft, neue Mitmacher
anspricht und betreut. Hauptaufgabe: Am Ball bleiben! Oft sind dies
nur zwei bis drei Personen.

Im erweiterten Team benötigt man dann ganz unterschiedliche
Fähigkeiten – nicht jeder muss alles können. Wichtig sind Nachbarn,
die Menschen aus der Straße ansprechen und für eigene Aktionen
motivieren, sich bunte und kreative Aktionen ausdenken, sich um
Essen und Getränke kümmern, das Geld im Blick behalten, den Kontakt zu den Behörden halten und die rechtlichen Fragen regeln, die
Logistik planen – von Bierbänken über Stromanschlüsse bis zu Müll-
beuteln, Musiker und Künstler ansprechen und geduldig auf Kritiker
zugehen.

Wie findet man nun solch ein Team? Ganz simpel: Veranstalte
einen Info- und Kennenlernabend! Ein öffentlicher Treffpunkt wie
eine Kneipe oder ein Café senkt die Hemmschwelle.

Am besten lädst du die Nachbarn mit Aushängen oder Zetteln in
den Briefkästen dazu ein. Zusätzlich kannst du online auf nebenan.
de zur Mitarbeit aufrufen. Traue dich aber auch, Leute gezielt anzusprechen – und direkt nach Hilfe und Mitarbeit zu fragen. Viele
Menschen wollen sich engagieren, wissen aber nicht, wie und wo.
Ein Straßenfest kann da ein geeignetes Projekt sein. Und wenn du
bereits bestehende Netzwerke wie einen Verein in der Nachbarschaft hast – hole ihn dazu.

Tag des guten Lebens in Köln-Sülz

② Was es alles zu beachten gibt

Straßenfeste finden meist nicht auf privaten Grundstücken statt, sondern im öffentlichen Raum – in eurer Straße eben. Damit sind Auflagen verbunden, die ihr durch das Abarbeiten folgender Schritte aber sicher meistern könnt. Wir empfehlen, die Planungen vier bis sechs Monate vor dem Fest zu beginnen.

Schritt 1 – Konzeption

Macht euch eingangs klar: Wie viel Platz benötigt ihr wofür? Welcher Straßenabschnitt bietet sich dafür an? Muss der Autoverkehr umgeleitet werden? Wo müssen Halteverbotszonen eingerichtet werden? In der Mitte der Straße muss beispielsweise eine Notfallgasse für Rettungswagen von mindestens 3,50 Metern frei bleiben, Aufbauten kommen also an den Rand oder in Parkbuchten. Lasst euch bei der konkreten Konzeption am besten von einer professionellen Verkehrssicherungsagentur unterstützen. Diese erstellt einen soliden Verkehrszeichenplan fürs Ordnungsamt.

Am Ende der Konzeptphase steht der Genehmigungsantrag mit folgenden Angaben:

- Ort, Datum und Zeitfenster des Festes
- inhaltliches Konzept
- Listung der Unterstützer (z.B. Unterschriftenliste der Nachbarn)
- erwartete Besucherzahl (zu einem bestimmten Zeitpunkt, nicht über den Tag verteilt)
- Aufbauskizze mit Angaben zu Bühnen, Ausschank- und Verkaufsständen
- Verkehrszeichenplan (via Verkehrssicherungsagentur)

Holt euch jetzt auch schon erste Angebote benötigter Dienstleister (siehe Schritt 3) ein! So erspart ihr euch späteren Stress.

Schritt 2 – Das Konzept beim Ordnungsamt einreichen

Den Antrag reicht ihr beim Ordnungsamt ein. Dieses genehmigt das Straßenfest und informiert die beteiligten städtischen Einrichtungen wie das Amt für Straßen- und Verkehrstechnik, die Polizei, die Feuerwehr und gegebenenfalls die örtlichen Verkehrsbetriebe. Den Antrag kann ein Einzelner als Privatperson einreichen – oder man stellt ihn über eine »juristische Person« wie zum Beispiel einen eingetragenen Verein. Wer es auch ist: Diese Person ist ab sofort der offizielle Veranstalter. Offene Fragen könnt ihr mit dem zuständigen Sachbearbeiter besprechen.

Schritt 3 – Die Auflagen erfüllen

Wenn der Antrag eingereicht ist, müsst ihr weitere Auflagen erfüllen:

- Versicherung: Ihr braucht eine Veranstaltungshaftpflichtversicherung für euer Straßenfest. Die Versicherungspolice reicht ihr zum Genehmigungsantrag nach.
- Sanitätsdienst: Je nach Größe fordert das Ordnungsamt eine Zahl von Sanitätern, die ihr beschäftigen müsst.
- Bereitstellen sanitärer Anlagen: Die Zahl der benötigten Toiletten ist abhängig von der Anzahl der erwarteten Besucher und wird vom Ordnungsamt mitgeteilt. Alternativ zur Miete von Toilettenkabinen können die Toiletten auch privat zur Verfügung gestellt werden: Vielleicht erklärt sich eine Kneipe in der Straße dazu bereit?
- GEMA: Plant ihr ein Bühnenprogramm? Dann müsst ihr das Straßenfest bei der GEMA anmelden. Kostenmäßig könnt ihr hier im Regelfall unkompliziert eine Pauschale vereinbaren, die sich nach der mit Musik bespielten Fläche bemisst.
- Ausschankgenehmigungen: Jeder, der auf dem Fest Alkohol ausschenkt, braucht eine entsprechende Genehmigung. Die Einzelgenehmigungen kosten jeweils 30 Euro und müssen mit vollständigem Namen, der

Anschrift sowie dem Ort des Ausschanks (das Straßenfest) beim Ordnungsamt beantragt werden. Das solltet ihr als Festveranstalter zentral übernehmen und so die Übersicht bewahren.

- Ordner: Die Ordner behalten das Fest im Blick und kümmern sich um einen möglichst reibungslosen Ablauf. Auch hier macht das Ordnungsamt eine Vorgabe. Ihr könnt entweder professionelle Ordner anstellen oder ein ehrenamtliches Team aus Nachbarn rekrutieren. Mobile Funkgeräte helfen bei größeren Veranstaltungen.
- Sicherheit: Sichert die (möglichst wasserfesten) Kabel mit Schutzmatten, sorgt für Feuerlöscher und befestigt Deko-Elemente sicher in ausreichender Höhe.

Schritt 4 – Die Anwohner informieren

Als Veranstalter müsst ihr die Nachbarn über euer Vorhaben informieren und aufklären:

- Was ist geplant und wer steckt dahinter?
- Wie erreicht man den oder die Verantwortlichen vor, während und nach dem Fest?
- Wann (Datum und Uhrzeit) ist welcher Teil der Straße gesperrt? Am besten fügt ihr eine Aufbauskizze bei.
- Wo und wann darf man nicht parken? Zusätzlich könnt ihr auch alternative Parkmöglichkeiten aufzeigen und gegebenenfalls welche schaffen. Vielleicht öffnet der Supermarkt in eurer Straße seinen Parkplatz, wenn ihr im Gegenzug sein Logo auf den Flyer druckt.

Diese Basisinformationen solltet ihr mindestens drei Wochen vor dem Fest schriftlich an jeden unmittelbar an das Fest angrenzenden Haushalt geben. Damit kommt ihr eurer Informationspflicht nach. Zudem können sich die Nachbarn den Termin so freihalten und mitmachen.

Tag des guten Lebens in Köln-Sülz

Schritt 5 – Das Straßenfest feiern

- Halteverbotsschilder und eventuelle Verkehrsumleitungshinweise müssen mindestens 72 Stunden vor Festbeginn fachgerecht aufgestellt worden sein. Das erledigt normalerweise auch die Verkehrssicherheitsagentur für euch. Diese sollte auch protokollieren, wer zu diesem Zeitpunkt in der Straße parkt: So könnt ihr auf Beschwerden à la »Als ich mich dorthin hingestellt habe, stand da noch kein Schild!« professionell kontern.
- Beim Fest könnt ihr Spaß haben und entspannen – solltet aber den Überblick nicht verlieren. Denn als Veranstalter tragt ihr während des genehmigten Zeitraumes die juristische Verantwortung für den gesperrten Bereich. Es muss also mindestens eine Person für Behörden, Dienstleister, Nachbarn und Besucher durchgängig telefonisch erreichbar sein.
- Im Falle einer Unwetterwarnung solltet ihr das Straßenfest absagen und einen neuen Termin suchen. Sicherheit geht in diesem Punkt eindeutig vor. Für diesen Fall könnt ihr zusätzlich zur Haftpflicht eine Ausfallversicherung abschließen.

Schritt 6 – Aufräumen

- Aufräumen nervt. Aber dafür könnt ihr die städtische Müllabfuhr beauftragen – günstiger ist es, den Abfall mit städtischen Müllsäcken selbst zu sammeln. Die Säcke stellt ihr neben öffentliche Mülleimer, die Stadt holt sie am nächsten Tag ab. Am besten wäre es natürlich, wenn ihr auf dem Fest möglichst wenig Müll produzieren würdet, zum Beispiel indem ihr auf Pappteller und -becher verzichtet.
- Die aufgestellten Verkehrszeichen (Halteverbotsschilder und Absperrbaken) müsst ihr oder die Verkehrssicherungsagentur eine Woche nach Ende des Straßenfestes entfernen.

3 Geldangelegenheiten

Straßenfeste kosten Geld – und unterscheiden sich extrem in ihren Kosten. Je nach Bedeutung der Straße können zum Beispiel für den Verkehr ganz unterschiedliche Gebühren anfallen. Oder nach Umfang des Kulturprogramms. Beim Zusammenstellen der einzelnen Ausgaben könnt ihr euch an folgender Liste orientieren:

- Verwaltungsgebühren der Stadt
- Technikmiete, Kosten für Deko und Programm
- Druck von Flyern und Plakaten
- Getränke auf Kommission (Reste können zurückgegeben werden)
- Versicherung (von Besucherzahl abhängig)
- GEMA (wenn Musik gespielt wird)
- Miete Toilettenkabinen (alternativ: Zugang zu privaten Toiletten)
- Gegebenenfalls: Umleitung einer Buslinie oder Ähnliches (Örtliche Verkehrsbetriebe)

Ein Beispiel: Bei einem Fest in der Kölner Innenstadt summierten sich die Kosten auf 3.200 Euro. Das nur als ungefähren Richtwert. Seid beim Verhandeln mit den verschiedenen Ämtern und Dienstleistern ruhig selbstbewusst: Unterm Strich freuen sie sich über die Aufträge.

Natürlich können abhängig von den Möglichkeiten und dem Engagement der Nachbarn von Anfang an Kosten von der Liste gestrichen werden. Selbermachen statt Externe zu beschäftigen oder nachbarschaftliches Ausleihen statt teurer Technikmiete spart Kosten ein.

Tag des guten Lebens in Köln-Sülz

So bekommt ihr das Geld zusammen

Geld könnt ihr auf verschiedene Arten einnehmen: Vielleicht verkauft ihr gemeinsam Trödel, verlost Sachspenden von Anwohnern oder organisiert ein Mitbring-Buffet? Essens- und Flohmarktstände könnt ihr um eine Standgebühr bitten. Oder ihr verteilt gegen eine Spende Unterstützersticker an Besucher. Viele Straßenfeste verkaufen auch Getränke und Essen: »Allein durch den Getränkewagen holen wir die Kosten wieder rein«, berichtet zum Beispiel Felix aus der Kölner Lindenstraße.

Alle Einnahmen sollten in eine transparent geführte Kasse fließen. Überschüsse können für das nächste Straßenfest aufbewahrt, für andere nachbarschaftliche Aktivitäten eingesetzt oder gespendet werden.

Eine Alternative ist es, Sponsoren anzusprechen. Denn: Straßenfeste sind mit ihrer gemütlichen, entspannten Atmosphäre ein potenziell attraktives Umfeld für Sponsoren, zum Beispiel für Getränkehersteller. Diese unterstützen gerne finanziell oder mit Sachsponsoring. Allerdings hat ein unkommerzielles Fest eventuell mehr Charme als Bühnen oder Half-Pipes mit Logos darauf. Hier kann die Unterstützung durch einen mit der Straße verknüpften Verein schöner sein.

> **Tipp:** *Auf der Website* tagdernachbarn.de *findest du in der Rubrik Downloads alles, was du für die Organisation eines Straßenfests brauchst, unter anderem das »Handbuch Straßenfest« und viele der Dokumente, die du für eine Beantragung benötigst.*

Tag des guten Lebens in Köln-Ehrenfeld

4 Einladen

Wenn die Logistik steht, könnt ihr anfangen, fürs Fest zu werben.
Bewährt haben sich Flyer und Infoplakate, die man einfach selbst
gestalten, vervielfältigen und in Geschäften und an euren Haustüren
aufhängen kann. Auf nebenan.de könnt ihr zusätzlich ganz einfach
eine Veranstaltung zum Fest erstellen. Wenn ihr Menschen über eure
Straße und euer Viertel hinaus erreichen wollt, dann informiert Tageszeitungen und Stadtillustrierte.

Macht euer Fest spätestens zwei Wochen vorher bekannt, lieber
früher. Denn eure Nachbarn sollen sich den Termin schließlich frei
halten und mitmachen. Denkt daran, immer eine Kontaktmöglichkeit
anzugeben: Das kann eine Handynummer sein, eine E-Mail-Adresse
oder einfach der Hinweis auf euer regelmäßiges Treffen. So könnt ihr
weitere Mitstreiter finden.

5 Dialogbereitschaft

Was ihr für eine Superidee haltet, können einige ganz anders sehen.
Eventuell wohnt jemand seit Jahrzehnten in der Straße und hat Angst
vor Chaos und Lärm – das solltet ihr ernst nehmen, denn immerhin ist
es auch sein Zuhause. Oder eine Geschäftsfrau möchte ihren Kunden
für den Tag die Parkplätze direkt vor ihrem Geschäft nicht verwehren.

Geht unbedingt offen auf Kritiker ein und nehmt ihre Anliegen
ernst. Oft hilft es schon, ihnen eure Motivation zu erklären und sich
persönlich kennenzulernen. Und wer weiß: Vielleicht machen kritische
Stimmen auf Fehler oder offene Punkte aufmerksam, an die ihr bislang
gar nicht gedacht habt.

Ganz wichtig: Die Anwohner müssen wissen, wer für das Fest verantwortlich ist und bei wem sie sich informieren oder bei Bedarf eben beschweren können. Während der Veranstaltung solltet ihr sämtliche Unterlagen und Genehmigungen in kopierter Form zur Hand haben. So seid ihr gewappnet, falls jemand vor Ort Kritik äußert oder es Rückfragen vom Ordnungsamt gibt.

6 Nachbereitung

Nach dem Straßenfest wird zuerst mal gemeinsam aufgeräumt. Oft gibt es nach den Straßenfesten noch ein geselliges Zusammensein mit dem Team und den neu gewonnenen Freunden aus der Straße. Dabei könnt ihr das Erreichte feiern und neue Pläne schmieden.

Ob groß oder klein, wenn ihr etwas organisiert, dann denkt auch an Folgendes: Nicht zuletzt kann der stärkere Zusammenhalt auch im Alltag ermöglichen, anderen zu helfen. Oft sind es gut vernetzte Anwohner, die sich zum Beispiel um Geflüchtete oder andere Menschen, die Hilfe brauchen, kümmern.

Hofflohmarkt in Mannheim

Hofflohmarkt

Die Idee ist fast so alt wie die Stücke, die es dort mitunter zu finden gibt: Flohmärkte. Sie gibt es seit vielen Jahrzehnten in allen Größen und Varianten. Eine besondere Spezies ist dabei der sogenannte Hofflohmarkt. Die Idee: Mehrere Häuser oder Hausgemeinschaften einer Nachbarschaft veranstalten an einem bestimmten Tag private Flohmärkte in ihren Höfen, Gärten, Garagen oder auf privaten Parkplätzen. Die Anwohner präsentieren Schätze aus Küche, Keller und Kinderzimmer. Flohmärkte sind der perfekte Anlass, um sich nicht mehr benötigter Dinge zu entledigen und gebrauchte Schnäppchen zu finden. Gleichzeitig kommt man mit netten Nachbarn in Kontakt und lernt sein eigenes Viertel ganz neu kennen.

So finden zum Beispiel im Nürnberger Stadtteil Gostenhof bereits seit 2010 regelmäßig Hofflohmärkte statt. Über nebenan.de/hofflohmaerkte kannst auch du deinen eigenen Hofflohmarkt organisieren. Das Hofflohmarkt-Team hilft dir bei der Planung, sammelt die Anmeldungen, erstellt eine Übersichtskarte und unterstützt bei der Bekanntmachung, indem es dir Materialien wie Poster, Aushänge oder Luftballons zuschickt und auch selbst online und in den Nachbarschaften die Werbetrommel rührt.

Geschichten aus der Nachbarschaft ...

DIE HÖFE MANNHEIMS

Ein besonders schönes Exemplar des Hofflohmarktes war der bunte Basar in Mannheim. Nachbarin Christin hat dort den ersten Hofflohmarkt des Viertels mit unglaublichen 65 teilnehmenden Höfen initiiert. Hier kommt ihr Bericht:

»Meine Nachbarin kam um Neujahr herum und fragte, ob wir nicht zusammen einen Garagenverkauf bei uns im Hof machen wollen. Spontan dachte ich, wir müssen das für die ganze Straße machen und gezielt Besucher anwerben. Es gibt kommerzielle Anbieter, die ich hätte ansprechen können. Ich finde aber, die Neckarstadt muss das auch so hinbekommen; alles andere würde nicht zu unserem Image und Selbstverständnis passen.

Das Verkaufen der Kellerschätze ist ja nur eine Seite der Medaille. Es geht auch darum, ein Viertel und seine Nachbarschaft zu entdecken. Oft laufe ich meine Straße entlang und sehe Bewohner gemeinsam im Hof grillen oder meine Jungs finden im Nachbarhof spontan Freunde zum Kicken. Meine Vision ist es, dass der Hofflohmarkt Nachbarn zusammenbringt und alle miteinander eine gute Zeit haben lässt. Da stehen neben Flohmarkttischen viele Tische mit Kuchen und der eine oder andere Grill brutzelt Würstchen.

Ich habe beim Live-Schalten des Termins lange gezögert, da mir bewusst war, dass wenige ›hier‹ rufen, wenn es um Unterstützung geht. Ich finde allerdings, dass die Idee perfekt in unser Viertel passt und war von Anfang an überzeugt, dass die Kiste fliegt. Die Macher von nebenan.de unterstützten mich mit Tipps, Fotos und der Gestaltung des Aushangs. Mein Nachbar hat die Veranstaltung auf Facebook eingestellt und die Seite gepflegt. Außerdem griffen mir viele Teilnehmer unter die Arme, indem sie beispielsweise Flyer druckten und im Viertel verteilten. Das ist toll – und so eine Herden-Organisation wünsche ich mir für die Wiederholung.«

Meine Vision ist es, dass der Hofflohmarkt Nachbarn zusammenbringt und alle miteinander eine gute Zeit haben lässt.

Und wer jetzt so richtig Lust bekommen hat, der kann sofort loslegen. Hier noch ein paar Tipps, damit der Flohmarkt ein echter Erfolg wird:

1 Erstelle ein Anmeldeformular
Wir empfehlen die Erstellung eines Online-Anmeldeformulars. Das können dann alle, die teilnehmen möchten, ausfüllen und an den Organisator zurücksenden. Nicht vergessen beim Vermieter oder der Hausverwaltung anfragen, ob ein kleiner Flohmarkt gestattet ist.

2 Lade die Nachbarn ein
Lege eine Veranstaltung auf nebenan.de an und lade deine Nachbarn ein mitzumachen.

3 Mach Werbung
Verteile Aushänge, teile die Veranstaltung in anderen sozialen Netzwerken und erzähle es den Nachbarn.

4 Erstelle eine Flohmarktkarte
Erstelle eine Karte mit den Standorten der teilnehmenden Höfe.

5 Sei einfach zu finden
Befestige am Tag selbst Luftballons am Hofeingang, hänge gebastelte Schilder vor Ort auf und male Pfeile auf die Straße.

6 Zeige den anderen Nachbarn, wie es war
Mach Fotos und zeige sie in der Nachbarschaft – das lockt viele neue Interessenten fürs nächste Mal an.

Wir wünschen viel Spaß beim Stöbern und Wühlen.
Und du weißt ja: Die meisten verlassen solch einen Flohmarkt mit mehr Utensilien, als sie verkauft haben ...

Walking Dinner

Liebe geht bekanntlich durch den Magen – aber auch auf Freundschaften oder zumindest gute Bekanntschaften trifft das zu. Wer also gerne kocht, gesellige Runden mag und seine Nachbarn etwas besser kennenlernen möchte, sollte sich das Konzept des Walking Dinner ansehen.

Das Prinzip ist recht simpel und macht richtig Freude: An einem Abend werden drei Gänge in drei unterschiedlichen Wohnungen gekocht. Dabei übernimmt ein Team aus zwei Nachbarn jeweils einen Gang. So lernst du im Laufe des Abends deine Nachbarn besser kennen und entdeckst vielleicht noch ein neues Lieblingsgericht. Im Anschluss treffen sich alle Teams zum gemeinsamen Ausklang, zum Beispiel in einer Bar in deiner Nachbarschaft oder bei einem der Teilnehmer zu Hause.

Ganz konkret funktioniert das Walking Dinner so:

1 Finde den richtigen Termin
Plane das Dinner mindestens mit einem Monat Vorlaufzeit. Mach am besten einen konkreten Terminvorschlag.

2 Finde Mitstreiter
Um Teilnehmer oder auch Mitstreiter für die Organisation zu gewinnen, kannst du auf nebenan.de eine Veranstaltung mit Bild und Beschreibung in deiner Nachbarschaft erstellen. Mit Aushängen erreichst du auch Nachbarn, die nicht bei nebenan.de aktiv sind.

3 Eine richtige Anzahl an Teilnehmern
Es sollten mindestens sechs Nachbarn teilnehmen. Ideal sind 18 Teilnehmer, da man die Gruppen dann bei jedem Gang variieren kann.

4 Erstelle einen Ablaufplan

Der Ablaufplan führt die Nachbarn durch den Abend und hilft als Übersicht. Das Walking Dinner sollte gegen 18 Uhr mit dem ersten Gang beginnen. Du solltest für einen Gang inklusive Fußweg mit etwa 90 Minuten rechnen, sodass die Nachspeise gegen 21 Uhr auf den Tisch kommt. Anschließend geht es zum gemeinsamen Ausklang mit den anderen Teams in eine Bar. Ihr könnt aber natürlich auch bei einem von euch einfach sitzen bleiben.

5 Denke an ausreichend Platz

Da für einen Gang drei oder unter Umständen auch vier Gruppen an einem Tisch Platz nehmen, sollte bei dir oder deinem Teamkollegen Platz für sechs bis acht Personen sein.

6 Finde geeignete Gerichte

Bei einem Walking Dinner eignen sich besonders Gerichte, die man sehr schnell zubereiten oder gut vorbereiten kann, sodass man sich am Abend voll und ganz auf die Gäste konzentrieren kann.

Danach heißt es nur noch: Kochlöffel schwingen und Gäste empfangen! Sollten sich letztendlich doch nicht genügend Teilnehmer finden, kannst du dich ja einfach zu einem entspannten Kochabend unter Nachbarn treffen.

> **Tipp:** Wie wäre es mit einem besonderen Motto für das Dinner? Es könnte zum Beispiel ein italienischer Abend werden oder ausschließlich mit Produkten aus der Region gekocht werden.

Eine Variante des Walking Dinner haben die Initiativen **Tasty Dresden** mit der Plattform **Koch selbst!** entwickelt. Angeboten wird eine zweistündige Tour durch das Viertel Neustadt in Dresden, wo drei Lokalitäten angesteuert werden, in denen es jeweils ein kleines Abendessen gibt – darunter sind zum Beispiel Gewürzläden, ein italienisches Feinkostgeschäft und ein russisches Schokoladencafé. Die Gästeführerin von »Tasty Dresden« begleitet die Gruppe und erzählt Erhellendes über Architektur, Kultur, Geschichte und Bewohner. Am Ende geht es in die Eventküche von »Koch selbst!«, wo alle zusammen zwei unterschiedliche Desserts zubereiten – und verspeisen.

Für was auch immer du dich entscheidest: Wir wünschen guten Appetit! Und gutes Kennenlernen!

Musik im Wohnzimmer

Musik ist für viele eine große Leidenschaft. Hören, spielen, singen, darüber reden – oder alles zusammen. Eine besondere Form sind die sogenannten Wohnzimmerkonzerte, bei denen deine Wohnung zur Bühne für talentierte Künstler aus der Stadt wird. Nur wo findet man die?

Falls du nicht direkt in deiner Nachbarschaft fündig wirst, hilft das Team von **SofaConcerts** (sofaconcerts.org) aus Hamburg, den Kontakt zwischen Künstlern und Sofabesitzern herzustellen. Und das geht so:

1 Frage deine Nachbarn

Frage deine Nachbarn und Freunde, ob sie Lust auf ein Wohnzimmerkonzert haben.

2 Suche den richtigen Künstler aus

Die Experten von SofaConcerts helfen dir, einen Künstler zu finden. Wenn du selbst der Künstler bist, ist es natürlich am einfachsten … Und es lohnt sich in jedem Fall auch vorher einmal in der Nachbarschaft zu fragen.

3 Lade deine Nachbarn ein

Sobald der Künstler bestätigt ist, erstellst du eine Veranstaltung auf nebenan.de und lädst Nachbarn und Freunde ein. Und denke daran: Informiere deine unmittelbaren Nachbarn – oder lade sie am besten einfach ein.

4 Ablauf des Abends

Die Experten von SofaConcerts empfehlen, die Gäste für zum Beispiel 19.30 Uhr einzuladen, wenn das Konzert pünktlich um 20 Uhr beginnen soll. So bleibt noch etwas Zeit für alle, sich mit den anderen Gästen und dem Künstler vertraut zu machen. Und natürlich wird es umso netter, wenn die Gäste vielleicht kleine Leckereien und Getränke mitbringen.

Die Kosten für solch eine Aktion sind äußerst unterschiedlich – weil die Gagen individuell ausgehandelt werden. Die Erfahrung lehrt, dass man von etwa 200 Euro ausgehen muss. Wenn du die Ausgaben auf die Besucher umlegen willst, solltest du das früh-

zeitig kommunizieren. Oder du gehst den umgekehrten Weg und suchst zunächst nach vielleicht zwanzig Teilnehmern, die alle bereit sind, zehn Euro in die Kasse zu werfen. Es gibt aber auch Künstler, die gegen eine freiwillige Spende oder einfach eine Übernachtung spielen.

Eine leider nur einmalige Initiative fand 2014 in mehreren Bezirken der Hauptstadt statt: die **singenden Wohnzimmer von Berlin** von der Nachbarschaftsinitiative Polly & Bob. Dabei stellten 40 Nachbarn ihre Wohnungen für 80 Livesessions zu vier unterschiedlichen Uhrzeiten zur Verfügung, es gab Jazz und Klassik, A-Capella und Singer-Songwriter. 1.500 Menschen ließen sich diesen Event nicht entgehen – und weil nicht jeder alles hören konnte, trafen sich an dem Musiktag ab 22 Uhr noch alle Künstler zu einem gemeinsamen Konzert in einer Kirche, auf dem jeder noch einmal seine besten Songs spielen oder singen konnte. Schade, dass es keine Wiederholung gab. Aber vielleicht hast du ja Lust ...?

> **Tipp:** *Wer Lust hat, selbst aktiv zu werden, kann natürlich jederzeit sein Instrument aus der Ecke holen und in sein Wohnzimmer oder den Dachgarten einladen. Gemeinsam mit anderen Musizierenden wird daraus sogar eine richtige Session.*

Geschichten aus der Nachbarschaft ...

WENN DINO SINGT ...

Lebhafte Jazz-Beats, gefühlvoller Gesang, lasergesteuerter Elektropop – und all das in einem Wohnzimmer voller Nachbarn. Die Singer-Songwriterin Nadine »Dino« Fiedler aus Köln lud ihre Nachbarn zu einem Wohnzimmerkonzert ein. Über sechzig Nachbarn versammelten sich auf fünfzig Quadratmetern und feierten einen außergewöhnlichen Abend. Aber lies selbst (Auszug aus dem Bericht auf **magazin.nebenan.de**):

Die Sängerin Dino beginnt zu schwärmen, als sie von ihrem Wohnzimmerkonzert erzählt. Schon länger hatte sie mit dem Gedanken gespielt, ein großes Nachbarschaftstreffen in ihrem Viertel Köln-Sülz zu veranstalten. Aber dass ihre Einladung zum privaten Konzert so bei den Nachbarn einschlagen würde, hatte sie nicht erwartet. Sie veröffentlichte einen Beitrag mit ihrer Idee auf nebenan.de – und innerhalb kürzester Zeit sagten sechzig Nachbarn zu. »Ich war richtig geflasht vom Feedback der Nachbarn und davon, wie viele sofort dabei sein wollten«, erzählt sie. »Mit Musik Menschen zueinander zu bringen, ist genau das, was ich mit meinen Wohnkonzerten erreichen will.«

Aus dem ganzen Viertel strömten Nachbarn an einem Februarabend 2018 in Dinos geräumige Wohnung. Menschen, die zwar nebeneinander wohnen, sich aber noch nie persönlich getroffen hatten, saßen plötzlich dicht gedrängt in Dinos Wohnzimmer.

Ein professioneller Moderator eröffnete den Abend und kündigte als Erstes das Julius-Erdmann-Trio an: Mit Trompete, Gitarre, Kontrabass legten die drei Musiker mit rasanten Jazz-Beats los. Die drei hatte Dino vor längerer Zeit kennengelernt und als sie von ihren Konzertplänen erzählten, waren sie sofort dabei.

Dann hatte Gastgeberin Dino selbst ihren Auftritt: Sie sang mehrere ihrer gefühlvollen Lieder, begleitet am Klavier. So nah wie an diesem Abend kommt die Singer-Songwriterin ihrem Publikum selten. »In der persönlichen Atmosphäre des Wohnzimmers kann ich dem Publikum auf Augenhöhe begegnen und die Menschen richtig erreichen. Dieser besondere Austausch ist es, was mich daran fasziniert.«

Als dritten Act hatte Dino sich etwas Besonderes überlegt: Stefan alias »Airman« legte mit energetischem Elektropop los und hatte dafür ein außergewöhnliches Instrument im Gepäck, das viele noch nie gesehen hatten: eine Laserharfe!

Belohnt wurden die Auftritte der Musiker mit tosendem Applaus und auch Dino war glücklich mit dem Verlauf des Abends. Am liebsten würde sie ab jetzt jeden Monat ein Konzert mit ihren Nachbarn veranstalten. Die hätten bestimmt nichts dagegen. Das nächste Nachbarschaftskonzert ist schon geplant und die Vorfreude unter den Nachbarn groß. Dieses Mal soll es ein musikalisches Picknick im Veedel-Park werden – mobiles Piano, kühles Bier und Grill inklusive. So wollen die Sülzer Nachbarn gemeinsam in den Frühling feiern.

Der lebendige Adventskalender

Manche Nachbarschaftsprojekte sind so rührend, dass man feuchte Augen bekommt. Wie der lebendige Adventskalender, den es seit 2002 im Sprengelkiez im Berliner Ortsteil Wedding gibt. Dort organisiert der Verein »Aktiv im Kiez« diese besondere Form der nachbarschaftlichen Adventszeit. An jedem Sonntag im Advent öffnet sich von 18 bis 20 Uhr eine andere Tür im Kiez, um Menschen einzulassen, sie kennenzulernen und Freundschaften zu schließen. Mit dabei sind zum Beispiel das Gemeindehaus, ein Erzählcafé, Nachbarschaftsläden und Büros.

Das Engagement der Berliner fußt auch in anderen Regionen, insbesondere in Österreich und der Schweiz, verbreiteten lebendigen Adventskalendern. Dort werden in einem Ort Türen oder Fenster mit den entsprechenden Nummern versehen, geschmückt und am Abend beleuchtet – das Haus mit der Nummer 24 ist meistens die Kirche. Am Abend treffen sich die Adventsgäste vor dem Haus und kommen bei Glühwein, Punsch und Gebäck ins Gespräch, singen gemeinsam Weihnachtslieder und lauschen Geschichten.

Meistens sind die katholischen und/oder evangelischen Gemeinden die Organisatoren. Aber das muss ja nicht so bleiben. Vielleicht organisierst du zum nächsten Weihnachtsfest ja in deinem Kiez einen lebendigen Adventskalender unter den Nachbarn. Denkbar wäre, dass du sogar hinter jeder Tür ein kleines Programm auf die Beine stellst. Und wenn dir das zu viel Arbeit ist, trommle doch einfach ein paar Weihnachtslieder-Fans zusammen und zieht von Tür zu Tür. Ihr werdet sehen: Es wird euch aufgetan.

BLUMEN SÄEN – BEZIEHUNGEN ERNTEN

Millionen Hobbygärtner können nicht irren. Überall im Land wird an den vielfältigsten Orten gegraben, gepflanzt, geschnitten und Unkraut gejätet. Kein Wunder: Wer eine eigene Grünfläche hat, der kennt die heilende Wirkung für Geist und Körper – selbst wenn letzterer nach einem Tag im Garten dann und wann auch schmerzt. Für die Seele ist Gartenarbeit Balsam: Man fokussiert sich voll und ganz auf den Baum, der geschnitten wird, auf die Blumenzwiebeln, die gesetzt, oder auf den Salat, dessen Samen ausgebracht werden. Dabei vergisst man all den alltäglichen Ballast und ist ganz in seinem Tun. Ein fast meditativer Akt.

Gerade in den Metropolen wächst seit längerer Zeit schon das Bedürfnis nach Betätigung in der Natur, insbesondere bei jenen, die tagein tagaus in Büros arbeiten und zu Hause keine Möglichkeit zum Gärtnern haben – außer vielleicht auf dem Balkon, was ja ein Anfang wäre. Wie aber lässt sich der Wunsch realisieren, seine Hände regelmäßig tief in die Erde zu graben, wenn man dazu einfach keine Flächen hat?

Stadtgarten vor dem Theater in Freiburg

Es gibt die unterschiedlichsten Möglichkeiten, selbst in den Städten aktiv zu werden und seiner Leidenschaft nachzugehen. Urban Gardening ist seit Jahren ein Trend, der mittlerweile diverse Zweige entwickelt hat. Und wir sind uns sicher: Es gibt um dich herum bestimmt noch ein paar andere Flora-Fans, die gerne mit dir die Heckenschere in die Hand nehmen wollen. Also raus mit dir und ran an den Spaten! Gemeinsam gärtnern schafft Blumen und Beziehungen.

Ein Hoch auf die Beete

Was aus einem Hochbeet alles wachsen kann, haben die Nachbarn in Nauen eindrucksvoll gezeigt, einer Stadt mit 17.000 Einwohnern im Landkreis Havelland in Brandenburg. Dort haben sich Anfang 2017 Anwohner und Organisationen unter dem Motto »Wenn die Nachbarn ackern, trägt die Feldstraße Früchte« zusammengeschlossen, um eben in jener Feldstraße im Südosten der Altstadt ihr Viertel ergrünen zu lassen. Mit Hochbeeten.

Die Fläche fürs Gärtnern wird von der Stadt Nauen zur Verfügung gestellt, die fachliche Expertise steuert der Kleingartenverein »Einigkeit« bei, die Kosten fürs Projekt tragen Stadt, Land und sogar Bund (Fördermittel aus dem Programm »Soziale Stadt«). Organisiert wird das Ganze von der Gemeinschaftsgärtnerei des Quartiersbüros Nauen Innenstadt-Ost, die die Nachbarschaft einmal im Monat zum Gärtnertreffen einlädt. Dort wird besprochen, wer wann und wie Obst, Gemüse, Kräuter und Blumen anbaut – aber auch, wo Bänke stehen sollen, damit der neue Platz genutzt wird im Sinne der Gemeinschaftsbildung.

Was die Nauener hier auf die Beine gestellt haben, geht sicher auch eine Nummer kleiner. Vielleicht haben in deinem Mehrfamilienhaus die Nachbarn im Erdgeschoss einen Garten, den sie nicht nutzen? Oder im nahen Park gibt es ein paar Ecken, die sich verschönern lassen? Hochbeete sind dafür bestens geeignet – sie sind rückenschonend (wichtig für die Älteren unter uns) und wahre Wachstumsschleudern für das Gepflanzte, weil sich hier in Windeseile nährstoffreicher Humus bildet.

Wer mit seinen Nachbarn ein Hochbeet anlegt oder sonst wie im Grünen aktiv wird, schlägt gleich mehrere Fliegen mit einer Klappe: Man ist an der frischen Luft (Gesundheit!), man verschönert seine Stadt (Aufwertung!) und man trifft sich regelmäßig (Gemeinschaftsbildung!). Mehr geht nicht.

Im Schicht-Dienst

Wer ein Hochbeet anlegen möchte, findet im Internet wertvolle Tipps, zum Beispiel auf der Plattform **mein-schoener-garten.de**, von der auch die folgenden Ratschläge kommen:

Zum Schutz vor Feuchtigkeit verkleidet man die Seitenwände innen mit Folie.

Um Wühlmäuse auszusperren, legt man unten zuerst ein engmaschiges Drahtgitter so aus, dass auch kein Zugang entlang der unteren Seitenwände möglich ist.

Ein Hochbeet besteht aus verschiedenen Schichten:

✔ Als erste Schicht kommen grobe Zweige, Äste und Holzhäcksel hinein.

✔ Dann folgt eine Lage umgedrehter Rasensoden, Rasenschnitt oder Laub.

✔ Als Nächstes verteilt man halb verrotteten Stallmist oder halbreifen Kompost.

✔ Darauf folgt die Pflanzschicht aus humusreicher Gartenerde, die oben mit reifem Kompost vermischt wird.

Die Stärke der einzelnen Schichten sollte je nach Material zwischen 5 und 25 Zentimeter liegen. Sie hängt aber vor allem davon ab, von welchem Material wie viel verfügbar ist.

Im Kleingarten Großes tun

In Zeiten, in denen die Kleingartenkolonien eher zu einer aussterbenden Spezies gehören, ist es umso wichtiger, innovative Projekte zu denken und umzusetzen. Dabei ist die Nachbarschaft ein wichtiger Anker. Wie beim Projekt **himmelbeet**, einem interkulturellen Gemeinschaftsgarten auf einer Sportplatzbrache in Berlin-Wedding in der Ruheplatzstraße – einen besseren Namen für solch einen Ort gibt es wohl nicht. Hier wird gemeinsam gegärtnert und geerntet – und nicht nur das.

Hier wird gemeinsam gegärtnert und geerntet – und nicht nur das.

Aber der Reihe nach. Im himmelbeet kann sich jeder einbringen, eines der 300 Beete (150 sind für die Nachbarn reserviert) für ein Jahr pachten und selbst anbauen, aber natürlich auch ehrenamtlich mitwirken und sich mit seinen Ideen für die Gartengestaltung beteiligen. Beetpächter können alle sein: Familien, soziale Einrichtungen, Unternehmen für ihre Mitarbeiter. Angebaut werden vor allem regionale und alte Kultursorten, zudem wird gemeinsam in einem Steinbackofen Brot gebacken und in einem Low-Waste-Café Kaffee getrunken.

Die Betreiber haben ganz auf die Kraft der Umgebung gesetzt – man hat sich sowohl mit der Nachbarschaft zusammengetan als auch mit umliegenden Restaurants und Organisationen. Entstanden ist daraus mittlerweile ein funktionierender Betrieb, der auch die Begehrlichkeiten außerhalb von Wedding geweckt hat: Das himmelbeet-Team übernimmt heute Gartenbau-Aufträge und unterstützt bei Konzeption, Planung und Aufbau sozialer urbaner Gärten. So haben die Experten zum Beispiel »Käthes Garten« in der Gropiusstadt mit aufgebaut, der den Social Design Award 2017 von Spiegel Online und Spiegel Wissen einheimste. Die himmelbeet-Mannschaft selbst hat den European Award für Ecological Gardening gewonnen. Und das zu Recht. Denn außer öko wird auch sozial gepflanzt – es gibt kulturelle Veranstaltungen, Aktivitäten rund um die Umweltbildung und zu Inklusion und Integration. Ein bunter Strauß also.

Solch ein Gemeinschaftsgarten wie in Berlin wächst nicht einfach so aus dem Boden, sondern ist das Werk langjähriger Arbeit vieler Engagierter. Wer die Arbeit nicht scheut, kann die Augen offenhalten nach einer Brache in seiner Gegend, Mitstreiter finden und einfach mal loslegen. Der Sog in solch ein großes Projekt hinein entsteht dann von ganz alleine.

Dass, wer Großes denkt, auch Großes erreicht, haben auch die Macher vom **Stadtacker** in Stuttgart bewiesen. Dort wurde 2012 die

Urban-Gardening-Projekt »himmelbeet«
in Berlin-Wedding

2.000 Quadratmeter große Fläche eines Ausbesserungswerks der Deutschen Bahn am Nordbahnhof der Schwabenmetropole in ein blühendes Stück Land verwandelt. Architektur- und Agrarwirtschafts-studenten, Landschaftsarchitekten und weitere Engagierte bis hin zu Unternehmen schlossen sich zusammen, um das Land zu bestellen. Heute ackern dort 80 urbane Gärtner allein, zu zweit oder in kleinen Gruppen auf eigenen vier bis zehn Quadratmeter großen Parzellen. Die einzigen Spielregeln: Alles ist Bio, keine Chemie.

Die Teilnehmer sind bunt gemischt: Studierende, junge Familien, Einwanderer und Arbeiter aus China, der Türkei, Italien und allen Teilen Deutschlands. Jeden Sonntag um 15 Uhr kommen sie auf dem Stadtacker für gemeinschaftliche Tätigkeiten zusammen. Mit anderen Worten: Halte die Augen auf nach freien Flächen – es gibt sie zur Genüge. Und dann musst du nur noch Mitstreiter finden und loslegen. Egal, ob kleines oder großes Projekt – die Mitmacher freuen sich und ebenso die Anwohner. Und das Klima auch ein wenig.

Urban-Gardening-Projekt »Stadtacker« in Stuttgart

Der Weg zum Gemeinschaftsgarten

Wer sich wie die grünen Daumen in Berlin und Stuttgart berufen fühlt, selbst einen Gemeinschaftsgarten in seiner Gemeinde aufzubauen, bekommt ein wenig Unterstützung auf der Website urbangardeningmanifest.de. Hier gibt es zum Beispiel ein Musteranschreiben an die Stadt oder Gemeinde, Videos für die Integration in deine Websites – und natürlich das Manifest, das dich mit deiner Unterschrift zum Unterstützer macht.

Sobald du also eine Fläche ausgemacht hast, die seit Jahren verödet, solltest du dich zuerst mit den Besitzern in Verbindung setzen. Wenn es nicht die Kommune ist, sondern privates Eigentum, ist es hilfreich, ein paar gute Argumente mit in der Tasche zu haben. Die liefert das wunderbare Buch »Urban Gardening – Über die Rückkehr der Gärten in die Stadt« vom oekom-Verlag. Und wer weiß: Viele Besitzer sind froh, wenn ihre Fläche sinnvoll genutzt wird – und überlassen sie dir vielleicht sogar ohne Pacht.

Von Baumscheiben und Grünstreifen

Aber es geht natürlich auch eine Spur kleiner. In Berlin Alt-Treptow gibt es seit 2012 in der Karl-Kunger-Straße und angrenzenden Straßen das **Baumscheibenfest**. Baumscheiben – das sind die kleinen Flächen rund um einen Straßenbaum, die oftmals nur den Hunden zum Erledigen ihres Geschäfts dienen und ansonsten vor sich hin vegetieren. Bis 2010 haben Tiefbauamt und Grünflächenamt in Berlin jegliche Begrünung durch Anwohner untersagt, doch mittlerweile fördern sie sogar das nachbarschaftliche Engagement, natürlich nicht ohne gleichzeitig eine ganze Reihe an Vorgaben zu machen – nachzulesen auf der Website des Bezirksamtes. Lass dich davon nicht abschrecken. Denn es lohnt sich, wie das Beispiel Alt-Treptow zeigt: 2018 feierte man nun schon zum sechsten Mal das Baumscheibenfest. Aus dem bloßen Begrünen ist heute ein Straßenfest geworden, bei dem es einen Flohmarkt, Lesungen, Töpfern, Lagerfeuer und vieles mehr gibt.

Eine schöne Idee hatte auch der Verein **Green City** in München, eine der größten Umweltorganisationen in München. Neben vielen anderen Aktionen haben sie gemeinsam mit der Baureferat Gartenbau der Landeshauptstadt München die **Grünpaten** ins Leben gerufen: Über Green City können Interessenten eine Grünfläche vorschla-

gen, für die sie die Patenschaft übernehmen wollen. Voraussetzung: Es muss Gießmöglichkeiten im Hof oder in Läden geben. Umso besser ist es, wenn sich eine engagierte Hausgemeinschaft mit der Pflege abwechseln kann. Die Patenschaft besteht dann darin, Flächen mithilfe der Gärtner von Green City vorzubereiten, zu bepflanzen und dauerhaft zu pflegen, das heißt regelmäßiges Wässern, Jäten und Säubern.

Tipp: *Experten raten zu »genügsamen« Pflanzen, wie beispielsweise Vergissmeinnicht, Bartnelke, Duftsteinrich, Königskerze oder Fette Henne.*

Wer nicht ganz so hoch hinaus will, der kann natürlich auch auf kleinen Flächen loslegen. Es gibt sicherlich genügend davon in deiner Nachbarschaft, die nur darauf warten, dass sie jemand in seine liebevollen Hände nimmt und einfach verschönert. Das können Grünstreifen am Rande des Bürgersteigs sein, Verkehrsinseln, brachliegende Grundstücke, ungepflegte Ecken in den Parks. Da wirken ein paar Farbtupfer bereits Wunder.

Vielleicht beginnst du ja in deiner Straße und machst mit deinen Nachbarn eine kleine Begehung: Wo sind Flächen, die man nutzen kann? Wen müsst ihr dafür fragen? Welche Blumen sind robust und bedürfen nicht der täglichen Pflege?

Die Pflanzaktionen könnt ihr mit einem kleinen Pflanzenfest verbinden und damit weitere Mitstreiter gewinnen, vielleicht auch aus den Nachbarstraßen, um dort Ähnliches zu initiieren. Bei Kaffee und Kuchen macht das Gärtnern sicher gleich noch mehr Spaß und könnte zu einem regelmäßigen Treffpunkt der interessierten Nachbarn werden, aus dem weitere Projekte entstehen.

Und wenn ihr es scheut, den Weg über die Behörde zu nehmen und um Erlaubnis zum Begrünen zu fragen, dann lasst euch gesagt sein: Es gibt eine Bewegung mit dem schönen Titel **Guerilla Gardening**, die in den Siebzigerjahren in New York City ihren Ursprung nahm und sich bis heute über den ganzen Globus verteilt hat. Ihr (verkürztes) Motto: Nicht lange fragen, einfach machen. Wer von uns wäre nicht gerne der grüne Che Guevara des Viertels?! Aber das haben wir natürlich hier nie geschrieben …

Eine Mischform aller bereits beschriebenen Aktivitäten und gleichzeitig der Oberbegriff ist Urban Gardening – das Gärtnern im öffentlichen Raum. Einen guten Überblick über die vielfältigen Projekte kannst du dir auf der Website anstiftung.de/urbane-gaerten verschaffen. Die Stiftung sammelt jegliche Aktivitäten in diesem Bereich, das sind bereits rund 700 deutschlandweit.

Grünpaten-Projekt von Green City

HAMBURGS RONDELL-REBELLEN

In Hamburg-Eimsbüttel war es Bernhard, der den Anfang machte, um ein verwildertes Rondell wieder ansehnlich zu gestalten. Auf nebenan.de hatte er eine Gruppe ins Leben gerufen, besorgte Stauden aus seinem Garten und hielt sogar Rücksprache mit dem Gartenbauamt. Christiane, eine weitere Nachbarin, brachte Findlinge von einem befreundeten Bauern mit. Auch Bettina war bei der Gärtneraktion in der Armbruststraße dabei, als die Blumen und Stauden eingepflanzt wurden, und berichtete später: »Die Gärtneraktion war eine tolle Sache. Besonders der nette Kontakt zu den Nachbarn und mal wieder ein wenig in der Erde zu wühlen haben mir viel Freude gemacht. Christiane hatte sogar ein paar Bierbänke mitgebracht. Während der Aktion kamen viele neugierige Nachbarn, die sich sehr über unsere Initiative gefreut haben.«

Ihre Tipps zum Nachmachen:

Lage, Lage, Lage

Die Lage der Fläche ist entscheidend. Nur wenn ausreichend Schatten und Sonne auf das zukünftige Beet fallen, können die Pflanzen den Sommer unbeschadet überstehen. Außerdem lohnt es sich, die Erde vor dem Bepflanzen unter die Lupe zu nehmen, um sie gegebenenfalls mit etwas frischer Erde anzureichern. Wichtig: Berichte vorher deiner Stadt bzw. dem Städtebauamt von deinem Vorhaben und frag nach, ob eine Genehmigung nötig ist, falls sich die Fläche nicht auf privatem Boden befindet. Oft unterstützt eine Stadt auch Verschönerungspläne.

Wähle die richtigen Pflanzen

Es eignen sich besonders widerstandsfähige Pflanzen und schnell wachsende Blumen wie Sonnenblumen, Stauden oder Stockrosen. Beliebt ist auch ein nachbarschaftliches Obst- oder Gemüsebeet, bei dem die Ernte unter allen Beteiligten aufgeteilt wird.

Gemeinsam gießen

Damit die Pflanzen auch die trockenen Monate überstehen, haben Bernhard und ein Nachbar aus der Nähe das Gießen übernommen und schauen nun ab und zu nach den Pflanzen. Bei Bedarf helfen sie mit einer Gießkanne Wasser aus.

Fit im Grünen

Eine Nuance anders gelagert ist das Projekt **Green Gym** aus Hamburg. Es soll dazu dienen, Mut zu machen und den Ideen freien Lauf zu lassen. Die Bewegung Green Gym entstand in Großbritannien und wurde 2013 vom Verein »Heilende Stadt« nach Deutschland gebracht. In mehreren Parks der Hansestadt kommen für etwa drei Stunden jeweils bis zu 15 Teilnehmer zusammen, um unter der Leitung von geschulten Trainern Stauden und Hecken anzulegen, Hecken und Sträucher zu schneiden, Wildblumen zu säen und Kräuter zu ernten. So weit, so bekannt. Das Neue: Die Aktivitäten werden flankiert von Fitness-, Entspannungs- und Achtsamkeitsübungen. Und von Kaffee und Kuchen.

Die Börse der guten Saat

Eine besonders schöne Aktion wollen wir dir als Anregung noch gerne mit auf den Weg nach draußen geben. Die Energie- und Kulturwendebewegung Barnim in Brandenburg **wandelBar** veranstaltet einmal im Jahr in Eberswalde die sogenannte **Saatgut-Tauschbörse**.

Dabei kommen Hobbygärtner zwei Stunden lang zusammen, um:
- Saat- und Pflanzgut für essbare Nutzpflanzen auszutauschen
- Gartenerfahrungen und -ideen zu teilen
- regional angepasste oder alte Sorten kennenzulernen
- unabhängig von Hybridsorten und Saatgutkonzernen zu gärtnern
- einfach Lust aufs Gärtnern zu bekommen

Und so ganz en passant wird dort auch über Garten-Sharing und -planung sowie Permakultur geplaudert. Das Konzept lässt sich einfach auf die Gartenfans in deinem Viertel übertragen – mach doch einmal ein entsprechendes Angebot! Vielleicht lädst du auch einen Experten ein, zum Beispiel von der Zukunftsstiftung Landwirtschaft der GLS Treuhand, die mit einem eigenen Saatgutfonds Ökozüchter bei der Entwicklung neuer gentechnik- und patentfreier Sorten unterstützt. Oder die Fachleute von Kultursaat e.V. oder Saat:gut e.V. Wir versprechen: Da öffnet sich noch einmal eine große Welt im Kleinen.

SUCHEN, FINDEN, SCHAFFEN – ORTE DER BEGEGNUNG

Manchmal ist es doch so. Da glaubt man, eine geniale Idee zu haben – und nach einer kurzen Recherche stellt man fest: Hatte auch schon jemand anders. Daher unser Tipp an dich: Wenn du Neues in euerm Viertel schaffen willst, dann schau dich erst einmal genau um, was es alles schon gibt.

Insbesondere in den Metropolen gibt es eine Menge Initiativen, Vereine und Projekte sowie bestehende Strukturen und Orte, an denen vielleicht schon Interessantes umgesetzt wird – hier kannst du problemlos anknüpfen, wenn die Ideen zueinanderpassen. Einen guten Überblick über Bestehendes dürftest du auf der Website deiner Kommune finden, die schließlich selbst zumeist mit vielen Partnern zusammenarbeitet. Oder du gehst in eines der Bürgerbüros und lässt dir von einem Mitarbeiter einen ersten Überblick geben. Hilfreich sind auch die Wohlfahrtsverbände, auch hier gilt: Einfach einen Blick ins Netz werfen oder ein Besuch direkt vor Ort abstatten.

Stadtteilwohnzimmer in Frankfurt-Unterliederbach

Flohmarkt vom Nachbarschaftshaus
Urbanstraße e.V. in Berlin-Kreuzberg

Ein guter Knotenpunkt sind auch die Nachbarschaftshäuser, die ganz unterschiedliche Angebote unter einem Dach versammeln. Tolle Beispiele sind etwa die Häuser in Berlin-Lichtenberg (siehe Interview) und in der Urbanstraße in Berlin-Kreuzberg, um nur zwei zu nennen. And by the way: Das Nachbarschaftshaus Urbanstraße e.V. hat mit diversen Partnern das Projekt »Ziemlich beste Nachbarn« aufgesetzt, in dem es um mehr soziale und kulturelle Teilhabe älterer Menschen geht. Wir finden: Toller Titel!

Tipp: *Auch die Stadtteil-Publikationen und lokalen Tageszeitungen sind eine gute Quelle, um Spannendes zu finden. Und wer dort überall nicht fündig wird auf der Suche nach genau dem Passenden, kann immer noch allein starten – und selbst Orte der Begegnung schaffen. Zum Beispiel Stadtteil-Wohnzimmer oder Repair-Cafés.*

Bei den vielen kleineren Aktivitäten ist es kniffliger. Neben einer Internetrecherche kann ein Spaziergang durchs Viertel helfen. Wer mit wachen Augen und in aller Ruhe bei einem sonntäglichen Spaziergang durch die Straßen seiner Umgebung schlendert, staunt mitunter, wie viele Vereine, Mehrgenerationenhäuser, Gemeindesäle, Gemeinschaftsgärten, Initiativen es bereits gibt, bei denen es vielleicht lohnt, einmal anzuklopfen.

Im Gespräch mit ...

SABRINA HERRMANN

Stadtteilkoordinatorin für Lichtenberg Mitte in Berlin

Sabrina Herrmann hat als Stadtteilkoordinatorin ihren Sitz in der KULTschule, einem lebendigen Ort der Nachbarschaft. Damit die persönliche Begegnung gelingt, nutzt sie auch das Organisationsprofil von nebenan.de. Mit großem Erfolg.

Frau Herrmann, die KULTschule ist ein besonders lebendiges Nachbarschaftshaus in Berlin. Welche Angebote gibt es?
In der KULTschule sind verschiedene Vereine und Projekte ansässig: das Zimmertheater, das Jugendfunkhaus, Eltern stärken oder die Kita Wolkenschaf. Außerdem gibt es einen Chor, eine Fahrradwerkstatt, Sprachkurse, verschiedene Beratungsangebote. Eine Malergruppe stellt hier regelmäßig ihre Bilder aus und es trifft sich hier der Polit-Stammtisch aus dem Kiez. Die Liste ist lang, eigentlich ist für jeden Menschen etwas dabei. Aber gerade wir von der Stadtteilkoordination wünschen uns, dass Menschen nicht nur konsumieren und teilnehmen – sie sollen sich einbringen können und aktiv werden. Deshalb unterstützen wir auch Bürgerinitiativen und Aktionsgruppen, die sich für ihre Ideen einsetzen, mit unseren Kiezkenntnissen und -fähigkeiten.

Wie haben Sie es geschafft, dass jeden Tag so viele Menschen zu Ihnen kommen?
Jeder Verein und jedes Projekt in der KULTschule trägt ein bisschen etwas dazu bei. Ich denke, der Mix macht es. Wir sind im ganzen Haus offen für alle Menschen und ihre Anliegen und möchten alles so niedrigschwellig wie möglich anbieten und gleichzeitig die Wünsche der Besucher einbauen und aufnehmen. Natürlich hilft das alles nichts, wenn die Menschen nicht wissen, was es alles in der KULTschule gibt. Das Stichwort ist Werbung: Wir in der Stadtteilkoordination versuchen, alle Kanäle zu bedienen, die kostenlosen Wochenblätter genauso wie soziale Onlinenetzwerke. Nebenan.de beispielsweise ist für uns eine niedrigschwellige Möglichkeit, mit den Menschen in bestimmten Kiezen in Kontakt zu treten und sie zu informieren.

»Hier können sich alle treffen, austauschen, kennenlernen und aktiv werden.«

Am sympathischsten ist für uns, dass nebenan.de immer nur der erste Schritt ist und das eigentliche Ziel darin besteht, dass sich Menschen irgendwann persönlich treffen und kennenlernen.

Welche Bedeutung hat ein Haus wie die KULTschule für ein gesundes Miteinander?
Es gibt nicht wenige Menschen, die hier in der KULTschule Anschluss an andere Gleichgesinnte finden, und schon hat sich eine Freizeit- oder Interessengruppe gebildet oder eine Freundschaft entwickelt. Die KULTschule ist durch ihre Mischung als Informations- und Kommunikationsplattform und mit ihren Freizeitangeboten wie ein Sprungbrett: Hier können sich alle treffen, austauschen, kennenlernen und aktiv werden. Das ist die Grundlage für alles andere: Erst lernt mensch sich mal kennen und dann folgen freiwilliges Engagement, gegenseitige Hilfe, Solidarität, nachbarschaftliches Miteinander und sogar gemeinsame Kiezaktionen – also genau das, was wir uns in der Stadtteilkoordination wünschen: aktive Bürgerbeteiligung.

Was wünschen Sie sich für die Zukunft der KULTschule?
Die KULTschule ist ja erst mal nur ein Haus – was darin passiert, machen die Menschen, die ein- und ausgehen und die Möglichkeiten hier nutzen und weiterentwickeln. Natürlich benötigen wir dafür ausreichend Ressourcen, das fängt tatsächlich bei einfachen Aspekten an: saubere Toiletten oder ein Aufzug für Barrierefreiheit. Und es endet beim Personal, das für die Besucher da ist. Nicht alles lässt sich auf ehrenamtlicher Basis bewerkstelligen. Entsprechend würden wir uns für die KULTschule eine Basisförderung wünschen. Das Haus als solches und die Grundstruktur sollte dauerhaft und ausreichend – wie auch immer – finanziert sein. Die Ausgestaltung, was dann inhaltlich passiert, ergibt sich von ganz allein.

Stadtteilwohnzimmer in
Frankfurt-Unterliederbach

Ab aufs Sofa!

Als die ehrwürdige Delegation aus Unterliederbach am 4. April 1928
im Frankfurter Römer erschien, um die Eingemeindung ihres Dorfs in
die aus allen Nähten platzende Mainmetropole zu besiegeln, sangen
sie aus voller Brust: »Wir hatten uns ergeben / Mit Herz und mit Hand /
Was war das für ein Leben / Da draußen auf
dem Land.« Lang ist's her.

Heute ist der Stadtteil kaum wiederzu-
erkennen. Spätestens seitdem der Konzern
Hoechst dort reihenweise Wohnraum für
seine Arbeiter bauen ließ, wandelte sich der
beschauliche Ort in ein Viertel voller Verkehr
und Lärm – und auch bis heute ist der stete
Zuzug ungebrochen. Leider sind die Begeg-
nungsstätten wie Kultur- oder Bürgerzentren nicht mitgewachsen,
weshalb es gerade für die Neuankömmlinge schwierig ist, dort anzu-
kommen. Was also tun?

Das fragten sich auch Brigitte Baumgart, Rüdiger Klinge und Nanni
Thanheiser. Die drei Anwohner gründeten im September 2016 eine
Interessengemeinschaft mit dem Ziel, einen Ort zu schaffen, an dem
die Menschen zusammenkommen können – das **Stadtteilwohnzimmer**
war geboren. Seitdem treffen sich dutzende Anwohner bei immer

Tipp: *Wer es den Frankfurtern gleich-
machen möchte, kann sich an ihren
Meilensteinen von Idee bis Umsetzung
orientieren:* stadtteilwohnzimmer.de.

neuen Events an diversen Standorten, auch im Wohnzimmer von Privatleuten: mal bei Nanni zu Hause zum Nähabend, dann im Jugendcafé im Turm der Gemeinde zum »Spielen, Quatschen und Zusammensein« oder auf dem Marktplatz von Unterlieberbach, um sich dort mit Stuhl und Getränk auf ein Schwätzchen zusammenzuhocken. Mittlerweile ist aus der Interessengemeinschaft ein eingetragener Verein geworden, der sogar beim Nachbarschaftspreis 2017 zum Landessieger Hessen gekürt wurde.

Karin Vorhoff, Referatsleiterin »Sozialraum, Engagement und Besondere Lebenslagen« der Caritas und Mitglied der Landesjury des Deutschen Nachbarschaftspreises 2017, würdigte die Arbeit so: »Bestes Beispiel, dass unkompliziertes Miteinander im Alltagsleben funktioniert: Nachbarn, die die Türe zu ihrem eigenen Wohnzimmer öffnen, um Begegnung und Kennenlernen zu ermöglichen. Das Projekt bietet erfrischend viel Gestaltungsspielraum für alle Interessierten.«

Bestes Beispiel, dass unkompliziertes Miteinander im Alltagsleben funktioniert.

Ein paar Kilometer weiter Richtung Westen sind sie schon einen kleinen Schritt weiter: Der Verein **Offenes Wohnzimmer Kostheimer Kultur und Nachbarschaftsladen** hat im Herzen des südlichen Wiesbadener Ortsbezirks Kostheim einen Laden angemietet, in dem die Anwohner zum Quatschen, Spielen und Diskutieren zusammenkommen. Da gibt es den Schachtreff, den spanischen Konversationsabend oder den Flohmarkt im Mathildenhof. Auf der Website des Vereins heißt es: »Hier kann man auch einmal zeigen, was man so alles macht: Wer malt, kann ausstellen. Wer singt, darf auftreten. Und wer schreibt, kann das endlich einmal vorlesen. Das Offene Wohnzimmer bietet allen Kostheimerinnen und Kostheimern Raum, um Ideen zu entwickeln und sie zu verwirklichen. Einen Ort, um sich kennenzulernen und sich auch gegenseitig zu helfen.«

Entstanden ist der Ort aus der Sehnsucht der Nachbarn, wieder mehr Zeit miteinander zu verbringen. Im Sommer 2014 hatte die Initiative Guckmal die Bürgerhaus-Gaststätte einen Monat lang für gemeinsame Aktivitäten genutzt. Danach war klar: Es wäre toll, selbst einen festen Ort zu haben. Knapp zwei Jahre später gründeten sieben Engagierte den Verein, der die laufenden Kosten wie Miete, Strom und Versicherungen trägt. Mitglieder zahlen fünf Euro Mitgliedsgebühren im Monat. Zusammen mit den Sponsoren wie zum Beispiel der Mainzer Volksbank trägt sich der Verein aus eigener Kraft.

Tipp: *Wer einen Verein gründet und Mitglieder aufnehmen will, der kann sich bei den Kostheimern ansehen, wie solch ein Formular für die Mitgliedschaft aussehen könnte:* **offenes-wohnzimmer.de.**

An neuen Bekanntschaften (und alten Geräten) schrauben

Weitere gelungene Orte der Begegnung sind Repair-Cafés oder auch Reparatur-Treffs. Hier schrauben, hämmern und werkeln Menschen zumeist kostenlos an defekten Alltagsgegenständen herum. Dabei kommt man ins Gespräch und hat eine Menge Spaß.

Ein Ort, um sich kennenzulernen und sich auch gegenseitig zu helfen.

Die Initiative geht auf die Niederländerin Martine Postma zurück, die sich seit 2007 für Nachhaltigkeit auf lokaler Ebene einsetzt. Die Mutter aller Repair-Cafés öffnete im Oktober 2009 ihre Türen in Amsterdam, seitdem treibt die Idee überall auf der Welt ihre Blüten. Martine Postma hat die Stiftung **Stichting Repair Café** gegründet, die lokale Repair-Gruppen im In- und Ausland unterstützt.

Im Berliner Bahnhof Lichterfelde-West hat Rüdiger Büttner seine Repair-Werkstatt im Oktober 2016 ins Leben gerufen – und erfreut sich seitdem wachsender Beliebtheit. Dort werkeln die zumeist über 50-Jährigen an jedem zweiten Montag im Monat an Toastern und Kaffeemaschinen herum, an CD-Playern und Kofferradios, an Bügeleisen und Ventilatoren, an Spielzeug und Puppen. Egal, was zu Hause der Reparatur bedarf, bei Rüdiger Büttner findet man Repair-Experten und geschickte Hände. Der Verein »Bürgertreffpunkt Bahnhof Berlin Lichterfelde West« stellt den Raum zur Verfügung, Unterstützung bekommen die fleißigen Handwerker vom Dachverband Steglitz-Zehlendorfer Seniorenvereinigungen und dem Verbund offener Werkstätten e.V. Die Mission ist klar: Weniger Müll produzieren, Ressourcen sparen, Umwelt schonen.

Mittlerweile gibt es über 700 derartige Reparatur-Werkstätten in ganz Deutschland, gebündelt sind sie im Netzwerk **Reparatur-Initiativen** der Stiftung anstiftung. Auf der Website reparatur-initiativen.de findest du auch Werkstätten in deiner Nähe inklusive Ansprechpartner. Und wenn du selbst eine gründen willst, dann gibt es auch dort viele weiterführende Tipps und wertvolle Vorlagen.

Für einen ersten Überblick zum Start eines Repair-Cafés hier die Tipps des Netzwerks Reparatur-Initiativen:

1 Organisation: Gemeinsam reparieren

Dein Ziel: Eine ehrenamtlich organisierte Reparaturveranstaltung planen, die nicht kommerziell arbeitet und den Besuchern Hilfe zur Selbsthilfe gibt. Da so ein Projekt gemeinsam leichter von der Hand geht, suchst du dir am besten tatkräftige Mitstreiter für die Organisation und das Reparieren, die längerfristig mitmachen möchten. Neben Werkzeugen für Reparaturen gehören genauso Kaffee und Kuchen zu einer Reparaturveranstaltung, denn in einer entspannten, gemütlichen Atmosphäre repariert es sich viel angenehmer. Suche baldmöglichst einen Raum, wo die Veranstaltung stattfinden soll – dieser sollte gut erreichbar und zugänglich sein und ausreichend Platz für die geplanten Reparaturstationen bieten.

2 Kommunikation: Die Idee verbreiten

Erzähle möglichst vielen Menschen von deinem Projekt und finde so weitere Interessierte. Auch hilft es, nach lokalen Institutionen mit ähnlichen Zielen und Ausrichtungen Ausschau zu halten. In der Kooperation mit einem bestehenden Verein, der Gemeinde oder anderen Initiativen können Raum- oder Versicherungsfragen oft leichter gelöst werden. Es empfiehlt sich, einen Informationsabend abzuhalten, bevor es an die Planung der eigentlichen Veranstaltung geht. Dort können Interessen und Ziele vorgestellt, eventuelle Bedenken von Reparaturdienstleistenden zerstreut und Kooperationen geknüpft werden.

3 Veranstaltung: Planung und Durchführung

Überlege einen guten Zeitpunkt für den Starttermin. Sechs bis acht Wochen Vorlauf geben Zeit für alle weiteren Planungen. Für die Veranstaltung selbst haben sich Vor- und/oder Nachmittage am Wochenende bewährt, aber es gibt auch viele Initiativen, die abends an Werktagen reparieren. Drei Stunden sollten mindestens eingeplant werden.

Verteilt im Team die Aufgaben, die bis zur ersten Veranstaltung anfallen. Dazu gehören die Kommunikation mit möglichen Kooperationspartnern, Pressearbeit, Klären von Sicherheitsfragen und -vorkehrungen, Kontakt mit den Reparaturaktiven und natürlich die Raumfindung und konkrete Planung der Veranstaltung – welche Reparaturstationen werden angeboten? Wie viel Platz und welche Werkzeuge sind dafür nötig? Wie wird die Verpflegung geregelt? Wer empfängt die Besuchenden?

Suche baldmöglichst einen Raum, wo die Veranstaltung stattfindet – dieser sollte gut (auch mit öffentlichen Verkehrsmitteln) erreichbar und zugänglich sein und ausreichend Platz für die geplanten Stationen bieten. Berücksichtige auch, welche Infrastruktur darüber hinaus notwendig ist – Mobiliar für die einzelnen Reparaturstationen, sanitäre Anlagen, Küche für die Verpflegung usw. Kläre, was bereits in den Räumlichkeiten vorhanden ist und was eigenständig besorgt werden muss.

4 **Sicherheit & Haftung**

Da bei den meisten Reparaturinitiativen früher oder später die Frage nach der Absicherung in Schadensfällen auftritt, hat die anstiftung einen Leitfaden zu Versicherungs- und Haftungsfragen entwickelt. Dieser enthält wichtige Informationen für die Durchführung der ehrenamtlichen Reparaturen, besonders hinsichtlich des Sonderfalls elektronischer Reparaturen. Diese unterliegen in Deutschland gewissen gesetzlichen Bestimmungen, die es zu beachten gilt. Darüber hinaus sollten alle Reparaturfälle auf einem Laufzettel, den jeder Gast beim Einlass erhält, vermerkt und mit einem Haftungsbegrenzungseinverständnis, das der Besuchende unterzeichnet, versehen werden. Diese Laufzettel werden gesammelt und dienen der Organisation zur Absicherung. Gleichzeitig begünstigen die Laufzettel auch einen reibungslosen Ablauf, weil damit Nummern für die Reparaturreihenfolge vergeben werden können.

> **Tipp:** *Mehr Informationen und Downloadmaterial findest du unter* **reparatur-initiativen.de**.

Echte Anstifter

In der Selbstbeschreibung der Stiftung **anstiftung** heißt es: »Die anstiftung will mit innovativen Ansätzen zur Lösung von Gegenwartsfragen beitragen. Sie fördert, vernetzt und erforscht Räume und Netzwerke des Selbermachens. Dazu gehören Interkulturelle und Urbane Gärten, Offene Werkstätten, Reparaturinitiativen, Open-Source-Projekte ebenso wie Initiativen zur Belebung von Nachbarschaften oder Interventionen im öffentlichen Raum.«

Gegründet wurde die Stiftung 1982 von Jens Mittelsten Scheid, 2008 integrierte er die von seinen Eltern gegründete Stiftung Ertomis. 2010 erhielt er den Deutschen Stifterpreis des Bundesverbandes Deutscher Stiftungen, 2012 den Münchner Umweltpreis. Seine Mitarbeitenden haben mittlerweile eine Reihe von Büchern publiziert, die auch das Thema »Nachbarschaft« fokussieren. Beispiele dafür sind:

- »Die Welt reparieren – Open Source und Selbermachen als postkapitalistische Praxis«
- »Stadt der Commonisten – Neue urbane Räume des Do it yourself«
- »Urban Gardening – Über die Rückkehr der Gärten in die Stadt«

4

GEMEINSAM ETWAS BEWEGEN

Ein maroder Spielplatz, fehlende Infrastruktur, demografischer Wandel: Manchmal sind die Herausforderungen im Viertel zu groß, um von einzelnen Personen gelöst werden zu können. Wer hier anpacken will, betritt die Bühne des bürgerschaftlichen Engagements, eine wichtige Säule unserer Zivilgesellschaft. Lass dich inspirieren und vor allem motivieren.

POWER TO THE PEOPLE

Wir haben bislang gesehen, was aus den Keimzellen der Nachbarschaft alles erwachsen kann. Vieles davon ist als Einzelperson leicht umsetzbar, manches davon sollte man im Team starten. Was allen Aktivitäten gemein ist: Sie stärken das Gemeinwohl, ohne einen wirtschaftlichen Profit im Auge zu haben. Wer mit seinem Projekt darüber hinaus sogar ein gesellschaftliches Problem zu überwinden versucht, betritt auf der Leiter des sogenannten bürgerschaftlichen Engagements die höchste Stufe.

In diesem Kapitel geht es um Menschen, die mithilfe ihrer Nachbarn versucht haben, sich in die Politik einzubringen, Mobilität neu zu denken, Integration zu leben und das Zusammenleben der Generationen zu verbessern. Was wir damit sagen wollen: Es kann gut sein, dass du mit deinem Einzelengagement bei einem Spieleabend in deiner Küche beginnst – am Ende aber die komplette Neuausrichtung deines Viertels steht. Wer es lieber klein mag, macht Kleines. Wer Großes will, macht Großes. Was zählt ist: zu starten.

Nehmen wir Daniel aus Dresden. Er wohnt im Stadtteil Pieschen westlich des Szenebezirks Neustadt und war ziemlich sauer. Denn: Wenn er mit seinen Kindern auf den Spielplatz auf dem nahen Pestalozziplatz gehen wollte, lungerten dort betrunkene Jugendliche herum, der Boden des Bolzplatzes bestand aus Kies, das Basketballfeld rottete vor sich hin, die Spielgeräte waren heillos veraltet.

Also setzte er eine Nachricht über nebenan.de ab, um mit seinen Nachbarn ins Gespräch zu kommen. Von einem der Anwohner bekam er den Link zu einem Portal der Stadt, über das man eine Onlinepetition starten kann. Daniel formulierte den Text für die Petition, sammelte das Feedback der Nachbarn ein und reichte die Petition schließlich bei der Stadtverwaltung ein. Die zentrale Forderung: eine kindgerechte Neugestaltung von Spielplatz, Sportplatz und Grünfläche.

> **Tipp:** *Auf* openpetition.de *und* change.org/de *kannst du ganz einfach Petitionen starten. Dort erfährst du aber auch, wie man eine Petition grundsätzlich aufsetzt und was es zu beachten gilt.*
> *Auf* abgeordnetenwatch.de *kann man außerdem direkt seine zuständigen MdBs befragen und auf* campact.de *Mitstreiter für Aktionen finden.*

Nach Ablauf der Mitzeichnungsfrist hatte Daniel immerhin 291 Unterschriften zusammen – und damit eine Menge Menschen, die auch noch für weitere Ideen zur Verbesserung der Situation im Viertel offen waren. Bei Drucklegung des Buchs befand sich der Antrag »in Bearbeitung« beim Ausschuss für Petitionen und Bürgeranliegen. Und selbst wenn Daniel keinen Erfolg haben sollte, so hat er immerhin einen ersten Schritt getan, um sich einzubringen. Für seine Kinder und das gesamte Viertel. Das kann man schon als Politik machen bezeichnen.

Was wir damit sagen wollen: Wer ein Ziel verfolgt, muss sich nicht allein durch die Instanzen kämpfen. Einfacher ist es, sich mit den Nachbarn zusammenzuschließen. So hat man nicht nur Mitstreiter, die Aufgaben übernehmen können, sondern schlichtweg mehr Gewicht bei Behörden oder Unternehmen.

Lasst es uns beim Namen nennen: Das ist gelebte Demokratie! Wie sollen sich die Dinge zum Besseren verändern, wenn nicht wir selbst sie in die Hand nehmen? Wenn dich etwas nervt in deinem Viertel, starte eine Umfrage. Wenn du dich nicht mit etwas abfinden willst, suche nach Unterstützern. Nimm den Artikel 17 unseres Grundgesetzes ernst: »Jedermann hat das Recht, sich einzeln oder in Gemeinschaft mit anderen schriftlich mit Bitten oder Beschwerden an die zuständigen Stellen und an die Volksvertretung zu wenden.«

WIE JEDER IN BEWEGUNG BLEIBT

Nehmt Platz

Wir haben jetzt viel über Engagement in den Metropolen gehört, doch es gibt auch in den ländlichen Regionen vieles zu tun. Eines der größten Themen dort ist die Mobilität. Schon seit vielen Jahren ist die Tendenz eindeutig: Immer mehr Menschen ziehen vom Dorf in die Großstadt, das Land – insbesondere in Ostdeutschland – dünnt sich aus. Mit gravierenden Folgen: Läden in Kleinstädten schließen, Verwaltungen werden zu größeren Verbünden zusammengelegt, kommunale Aktivitäten und Dienstleistungen werden abgeschraubt. Gerade ältere Menschen – aber nicht nur sie – stehen vor der Frage, wie sie die alltäglichen Dinge wie Einkaufen regeln sollen. Ohne eigenes Auto oder ohne eine Busverbindung in die nächste größere Stadt wird es schwierig, sein Leben zu organisieren.

Und meistens ist man da nicht allein. Oft geht es den anderen im Dorf genauso. Da gilt es: Sich zusammenschließen und aktiv werden. Wie zum Beispiel die Macher der **Mitfahrerbank** in Rheinland-Pfalz.

Mitfahrerbank in Bispingen im Süden der Lüneburger Heide

Dort haben sich Aktive zum »Netzwerk Mobilität in der Verbandsgemeinde Speicher« zusammengeschlossen, einer Region nördlich von Trier, in der sich Hase und Igel nicht einmal mehr »Gute Nacht« wünschen.

Die einfachste Lösung wäre natürlich gewesen, einfach eine App ähnlich wie die von der Mitfahrerzentrale zu entwickeln, auf der man sich einfach zu Fahrgemeinschaften zusammenschließen kann. Aber nicht alle verfügen über ein Smartphone oder über einen Computer, nicht alle wollen sich auf solch einer Plattform anmelden. Also suchte man dort nach einer Offlinelösung. Eben die »Mitfahrerbank«: An den Ausfahrtstraßen von Speicher befinden sich seither türkisfarbene Bänke, neben denen Schilder stehen mit Ortschaften in der entsprechenden Richtung um das Dorf herum, die man dort aufstellen kann. So können Fahrer spontan entscheiden, ob sie jemanden mitnehmen wollen. Oder anders gesagt: Das gute alte Trampen ist in eine neue Form gegossen worden. Allerdings setzt das Konzept hier auf das enge soziale Geflecht des ländlichen Raums auf – man kennt sich schließlich, Vertrauen schafft Sicherheit.

Das gute alte Trampen ist in eine neue Form gegossen worden.

Bürger fahren Bürger

Mehrere Nummern größer funktioniert das Prinzip der Bürgerbusse. Auch hier werden die Lücken gestopft, die der öffentliche Personennahverkehr hinterlassen hat – auf ehrenamtliche und mitunter professionelle Art und Weise. Die Website **buergerbusse-in-deutschland.de** bietet einen guten Überblick über die landesweiten Angebote, mittlerweile soll es über 330 dieser Busse geben.

Das Prinzip: Nach dem Motto »Bürger fahren Bürger« können Anwohner aus der Region mit einem Führerschein der Klasse B einen mit maximal acht Sitzen bestückten Bus fahren. Meistens haben sie einen festen Fahrplan und eine feste Linie, manchmal sind sie sogar ins ÖPNV-Netz eingebettet. Es braucht allerdings eine juristische Hülle – das geschieht meistens in Form von Vereinen.

Zum Beispiel in Brandenburg. Auch hier sind die Bürgerbusse Bestandteil des ÖPNV. Heißt: Sie fahren im Tarif des Verkehrsverbunds Berlin-Brandenburg als Ortslinienverkehr wie in Brieslang und Dallgow-Döberitz, als Zubringer aus der Fläche in die Städte nach Gransee, Bad Belzig oder Lieberose. Eine wirklich sinnvolle Einrichtung also.

Die Organisation solch eines Angebots ist komplex und standortabhängig, die rechtlichen Bedingungen aber sind für alle gleich:

Als gesetzliche Grundlagen darf man sich dann mit dem Personen-
beförderungsgesetz vertraut machen ebenso wie mit dem Fahrpersonal-
gesetz bis hin zum Vereinsrecht. Wer das nicht scheut, muss dann
Fragen beantworten wie:

- Welche Personengruppen kommen als Fahrgäste infrage?
- Was ist deren bevorzugter Reisezweck und damit auch Ziel der Fahrt?
- Wann möchten sie den Bus nutzen?

Und das sind nur die wirklich großen Fragen. Leider gibt es bei dieser
Art des Engagements eine ziemlich große Agenda, die es abzuarbeiten
gilt. Wenn du ein entsprechendes Angebot planst, empfehlen wir dir, dich erst einmal mit anderen Betreibern zu unterhalten – du brauchst eine Menge Motivation, viel Geduld und Zeit. Am Ende lohnt sich der Aufwand jedoch ganz bestimmt und du hast Nachbarn, die dir auf lange Zeit dankbar sein werden. Ach was – auf ewig! Wer einmal ganz umfas-send erfahren will, wie man die Geschicke eines dem Untergang geweihten Dorfes selbst in die Hand nimmt und es wieder zu einem lebenswerten Ort mit eigener Infrastruktur macht, dem sei ein Besuch im kleinen Witzin in Mecklenburg-Vorpommern empfohlen.

Tipp: *Der Verkehrsverbund Berlin-Brandenburg hat eine eigene 52-seitige Broschüre erstellt, die du kostenlos im Netz herunterladen kannst unter:* **buergerbusse-brandenburg.de/images/ pdf/buergerbus_handbuch.pdf**

Besonders das schwach besiedelte Mecklenburg-Vorpommern ist
aufgrund mangelnder Arbeits- und Ausbildungsperspektiven von Ab-
wanderung betroffen. Das führt wiederum zu einem Abbau von sozialen
und infrastrukturellen Einrichtungen für die tägliche Versorgung. Die
rund 500 Nachbarn des mecklenburgischen Dorfes Witzin finden sich
damit aber nicht einfach ab. Den ehrenamtlichen »Dorfmachern«
gelang es mit der Ansiedelung eines Bio-Landwirtschaftsbetriebes,
drei neue Arbeitsplätze und gleichzeitig sieben weitere im Dienstleis-
tungsbereich und in ortsansässigen Betrieben zu schaffen. Auch
konnte der geschlossene Kindergarten wieder eröffnet werden. Der
neue Mannschaftstransporter der Freiwilligen Feuerwehr wurde
gleichzeitig zum ehrenamtlichen Bürgerbus. Gemeinsam haben die
Nachbarn einen Spielplatz gebaut und einen Ort für gemeinsame Feste
errichtet.

Klingt preisverdächtig? Stimmt. Und deshalb wurde Witzin 2017
auch beim Deutschen Nachbarschaftspreis zum 2. Bundessieger gekürt
(**nachbarschaftspreis.de**).

Zur Kostenkalkulation

Der VBB Berlin-Brandenburg hat in seiner Broschüre eine Liste mit den relevanten Kostenpunkten erstellt:

✔ Anschaffung des Fahrzeuges, Umbau zum liniengerechten Bürgerbus
✔ Wartung, Reparatur und Pflege des Busses
✔ Miete für ein Ersatzfahrzeug (bei Wartung und Reparatur)
✔ Kraftstoff- und Schmiermittelkosten
✔ Versicherungsbeiträge Kfz-Versicherung
✔ Kosten für die Einrichtung von Haltestellen
✔ Kosten für Druck von Fahrscheinen und Fahrplänen
✔ Aufwendungen für Fahrer (etwa 250 Euro pro Fahrer)
✔ ärztliche Honorare für Sehtest und Untersuchungen
✔ Gebühren für Erstellen des P-Scheines
✔ Versicherungsbeiträge für die Fahrerhaftpflicht-versicherung und die Berufsgenossenschaft
✔ Öffentlichkeitsarbeit und Marketing
✔ Kosten für die Internetseite
✔ Büromaterial, Porto, Briefpapier, Telefonkosten
✔ Notfallhandy für den Bus

Die Einnahmenseite könnte so aussehen:

✔ Verkauf von Fahrscheinen
✔ Erstattungen für den Transport Schwerbehinderter
✔ Vermietung von Werbeflächen auf dem Bus, auf Fahrkarten und Fahrplänen
✔ Zuschüsse der Stadt, des Kreises oder der Gemeinde
✔ Mitgliedsbeiträge, Aufnahmegebühren

BLITZEBLANK UND KUNTERBUNT

Machen wir einen kleinen Versuch. Du schließt die Augen (halt, erst lesen!) und stellst dir Folgendes vor: Du könntest von jetzt auf gleich dein Viertel selbst gestalten. Was würdest du tun? Wir sind uns ziemlich sicher, dass sich viele von euch ihre Umgebung grüner, bunter, lebendiger, vielleicht auch sauberer vorstellen würden. Und warum sollte das nur bei einer Träumerei bleiben? Es gibt einige da draußen, die sich in diesem Sinne schon ans Werk gemacht haben.

Zum Beispiel der Verein Pro Düsseldorf, der einmal im Jahr den **Dreck-weg-Tag** auf die Beine stellt. Der gemeinnützige Verein ist ein Zusammenschluss von Stadt, Unternehmen und ehrenamtlich tätigen Bürgern, die ihre Stadt schöner machen wollen. Einmal im Jahr meldet man sich dort als Einzelperson oder Gruppe (insbesondere Schulklassen) an und holt sich am betreffenden Tag an bestimmten Orten kostenlos sein Arbeitsmaterial: Warnwesten, Handschuhe und Müllsäcke. Und dann heißt es: Ran an den Dreck.

Der Anreiz (außer der Verschönerung des Stadtbildes): Jede Person oder Gruppe kann ein Foto von sich während der Aktion an den Verein schicken, das dann in den Social-Media-Kanälen geliked werden kann – wer die meisten Likes erhält, gewinnt ein Preisgeld und/oder andere Nettigkeiten, die von Sponsoren zur Verfügung gestellt werden. 2018 waren das zum Beispiel tausend Euro für den Sieger von der PSD-Bank, Zegna hat eine Krawatte verschenkt und Fortuna Düsseldorf Tickets für ein Fußballspiel gegen den VfL Bochum.

Der Dreck-weg-Tag fand 1999 zum ersten Mal statt. Seitdem haben sich insgesamt 165.000 Düsseldorfer individuell oder in Gruppen gemeldet. Im Zeitraum von 17 Jahren wurden über 1.000 Tonnen Müll gesammelt. 2017 sammelten 6.800 Teilnehmer, darunter 26 Schulen und 23 Kitas 20,5 Tonnen Müll ein. 2001 hat es der Düsseldorfer Dreck-weg-Tag sogar in das Guinnessbuch der Rekorde geschafft. Über die Aktiven sagt Ingo Lentz, Vorsitzender der Initiative: »Für uns sind das die wahren Helden, die sich mit wirklich großem Engagement gegen die Vermüllung unserer schönen Stadt stellen.«So ein Dreck-weg-Tag kann dann natürlich die perfekte Grundlage dafür sein, die Nachbarschaft schöner und bunter zu machen.

Ein besonders lebendiges Beispiel dafür ist die Nachbarschaft im Berliner Gleimviertel in Prenzlauer Berg: Seit vielen Jahren schon kümmern sich die Anwohner dort um ihre Bäume und Blumenbeete – und legen sich mit der Verwaltung an, wenn etwa eine verkehrsberuhigte Straße zur Durchgangsstraße erklärt werden soll oder Bäume gefällt zu werden drohen. Auf den Straßenfesten wird das Viertel mit der Kraft der Vielen aufgeräumt und geschmückt, angemalt und aufgemotzt.

Wenn du dich also nicht mehr mit dem Grau in Grau in deinem Viertel abfinden willst, trommle deine Nachbarn zusammen und schnappt euch Kehrblech, Pinsel und Hammer. Ganz wichtig: Am Ende solch eines Tages sollte gefeiert werden. Das schweißt zusammen und gibt Raum und Motivation für die nächsten Aktionen.

> **Tipp:** *In einigen Städten helfen die Stadtwerke bei Aufräumaktionen, wie zum Beispiel die BSR in Berlin (*kehrenbuerger.de*) mit Besen und Materialien oder die Initiative* letscleanupeurope.de *mit einem zentralen Aktionstag.*

WILLKOMMEN HEISSEN

Eines der in Deutschland am meisten debattierten Themen unserer Zeit dreht sich um die Integration von geflüchteten Menschen. Hunderttausende sind mit großer Hoffnung in unser Land gekommen, um nicht nur Frieden und Freiheit zu finden – sondern auch Arbeit und soziale Anbindung. Die Hilfsbereitschaft weiter Teile der Bevölkerung war auf dem Peak der Flüchtlingsbewegung enorm und dauert an vielen Stellen bis heute an. Nach der akuten Hilfe ist es nun wichtig, die Geflüchteten in die Gesellschaft einzuweben.

Auf vorbildliche Weise passiert genau das zum Beispiel bei der Aktion **MitMachMusik** in Berlin und Brandenburg. Der gleichnamige Verein organisiert seit 2016 verschiedene Aktionen, um mit der Kraft der Musik eine Verbindung zu schaffen zwischen Einheimischen und Geflüchteten. »Die Kinder kommen hier an und sind sprachlos. Wir geben ihnen eine Stimme durch ihr eigenes Tun«, sagt Pamela Rosenberg, ehemalige Intendantin der Berliner Philharmoniker und Mit-Initiatorin des Projektes.

Afghanischer Street-Food-Markt in der Markthalle Neun in Berlin

Gemeinsames Musizieren im Rahmen des Projekts »MitMachMusik«

Die Projekte von MitMachMusik sind laut Website:

1 Akzeptanz im Miteinander

Zweimal pro Woche besuchen professionelle Musiker Kinder und Jugendliche mit Fluchterfahrung in ihren Unterkünften, um mit ihnen zu musizieren. Der gemeinsame Musikunterricht ermöglicht einen sicheren, stabilen und vertrauten Rahmen für das gegenseitige Kennenlernen. Die jungen Geflüchteten werden darauf sensibilisiert, aufeinander zu hören, zu reagieren und zu interagieren, zu führen und zu begleiten, im Vordergrund zu sein und wieder zurückzutreten.

2 Verbindungen schaffen

Auch Schüler aus der Nachbarschaft werden zum gemeinsamen Musikmachen eingeladen. Regelmäßig finden kleine MitMachMusik-Konzerte unter Einbeziehung der Eltern und anderer erwachsener Geflüchteter statt. Geflüchtete, die in ihren Herkunftsländern musikalisch ausgebildet wurden, werden als MitMachMusik-Lehrer involviert. Mittelfristig sollen Kontakte zu musikpädagogischen Einrichtungen in der Nähe entstehen, um gemeinsame Aufführungsprojekte außerhalb der Gemeinschaftsunterkünfte zu entwickeln.

3 Individuelle Förderung

Mit dem gemeinsamen Singen von Kinderliedern aus den Kulturen aller Beteiligten und dem rhythmischen Arbeiten im Zusammenspiel mit Instrumenten erfahren die jungen Menschen die Grundlagen des Musikmachens. Später werden die Kinder in zwei Gruppen aufgeteilt. Während die Jüngeren weiterhin singen und rhythmische Spiele spielen, erhalten die Älteren individuellen Musikunterricht auf ihrem Lieblingsinstrument.

Das ist freilich nur ein Beispiel unter unzähligen in Deutschland. Wer nicht gleich einen Verein gründen und Strukturen aufbauen möchte, kann aber natürlich auch ganz anders wirksam werden – und das nicht nur für Geflüchtete. Ein probates Mittel sind Partnerschaften und sogenannte Tandems. Dabei schließen sich in der Regel zwei Menschen zusammen, um auch voneinander zu lernen.

In der Nachbarschaft kann das konkret bedeuten: Du zeigst deinem Tandempartner die Umgebung, wo man einkaufen, zum Arzt gehen, sich an die Behörde wenden kann. Du machst ihn vertraut mit der hiesigen Kultur und lernst seine kennen, ihr kocht gemeinsam und tauscht Rezepte, ihr besucht gemeinsam Konzerte und Feste und vieles mehr. Und vielleicht verbindest du dich mit deinen Nachbarn, um mehrere Menschen gemeinsam zu begleiten – so könnt ihr euch austauschen und von den Erfahrungen lernen.

Ob du dich allein oder in der Gruppe Geflüchteten und anderen Menschen in schwierigen Lebenslagen widmest, du wirst feststellen: Der Gewinn solch einer Patenschaft liegt nicht nur beim »Betreuten«, sondern auch du wirst vieles lernen und die Welt vielleicht mit anderen Augen betrachten. Ganz zu schweigen vom Gewinn für die gesamte Gesellschaft.

Interkulturelles Dinner organisiert von »Über den Tellerrand« in Berlin

Wegweiser zur Patenschaft

Wer sich eingehender mit Patenschaften beschäftigen will, sollte die Website des Bundesministeriums für Familie, Senioren, Frauen und Jugend besuchen:
tinyurl.com/ybe54mrw

Das **Wegweiser-Telefon** des Bundesamts für zivilgesellschaftliche Aufgaben (BAFzA) ist Anlaufstelle für alle, die sich für die Übernahme einer Patenschaft interessieren. Dort erfährst du, welche Organisationen in deiner Nähe Patenschaften vermitteln und welche Arten von Patenschaften es in deinem Umfeld gibt. Du erreichst das Wegweiser-Telefon unter der Rufnummer 0800 200 50 70.

Weitere Informationen über Patenschaften für geflüchtete Menschen findest du auch auf folgenden Seiten:

✔ aktion-zusammen-wachsen.de

✔ start-with-a-friend.de

✔ handinhand-patenschaft.de

✔ awo-karlsruhe.de/awo-unterstuetzen/fluechtlingshilfe-patenschaft.html

✔ freiwilligenagentur-muenster.de/mitmachen/patenprojekte-in-muenster/

DER LEBENDIGE GENERATIONEN-VERTRAG

Das Problem, sofern man das so nennen kann, kennen viele ältere Mitbürger nur zu gut: Die Kinder mitsamt den Enkeln sind aus dem Haus und über das Land verteilt, die gegenseitigen Besuche finden nur alle paar Wochen oder gar Monate statt. Für beide Seiten eine mitunter schmerzliche Situation. Für die Großeltern, weil sie ihre Lieben einfach vermissen. Für die Kinder, weil ihnen die Hilfe zur Betreuung der Enkel manchmal fehlt.

Wäre es da nicht sinnvoll, einfach zur Fremdoma zu werden oder sich einen Fremdopa zu organisieren. Genau das macht der Verein **Berliner Familienfreunde**. Das **Patengroßelternprojekt** schließt diese Lücke und knüpft nachbarschaftliche Netze im Viertel. Die Leihomas und -opas lesen den Kindern vor, gehen mit ihnen auf den Spielplatz, in die Bibliothek, spielen und basteln.

Deutschlandweit aktiv ist das Sozialunternehmen **wellcome** (wellcome-online.de). Das Kernangebot von wellcome ist die

Lange Tafel der Generationen in Hannover

»Praktische Hilfe nach der Geburt« – eine mehrfach ausgezeichnete soziale Innovation, die 2002 von Rose Volz-Schmidt in Hamburg gegründet wurde. Darin verbinden sich bürgerschaftliches Engagement und professionelle Hilfesysteme.

Auch das Netzwerk **Berliner Kinderpatenschaften** hat viele gute Tipps und Kontakte auf seiner Website. Wer nicht in der Hauptstadt wohnt, sollte sich einmal im Netz umsehen oder sich an die Kirchengemeinde, Wohlfahrtsverbände oder die Kommune wenden. Gibt es dort nichts, kannst du natürlich auch selbst aktiv werden: Du kannst Aushänge machen in Kitas und Schulen, an Schwarzen Brettern im Supermarkt oder im Rathaus. Egal, ob du zum älteren Semester gehörst oder eines suchst.

Oder du gehst einfach den direkten Weg: Wenn in deiner Nachbarschaft ältere Menschen leben, dann frag sie doch einfach direkt – oder eben andersrum: Wenn du von Familien um dich herum weißt, dann biete einfach deine Hilfe an. Wir sind uns sicher, dass deine Hilfe mit Kusshand angenommen wird.

Einen festen Ort für solche Begegnungen hat der Verein Mittelhof in Berlin-Zehlendorf geschaffen. Der Verein wurde schon 1947 von

> **Tipp:** *Du möchtest dich in diesem Nachbarschaftsprojekt engagieren oder suchst eine Leihoma in Berlin? Hier ist der Kontakt: Birgit Plank, Berliner Familienfreunde e.V.,* **info@berliner-familienfreunde.de**

amerikanischen Quäkern als erstes Nachbarschaftsheim Berlins gegründet. Heute arbeiten 350 Menschen unter dem Dach des Trägers in Bereichen wie Kita-Betreuung, Jugendarbeit, Familienberatung oder Pflege. Ein großes Projekt ist das **Mehrgenerationenhaus Phoenix**, das sich mittlerweile zum »Wohnzimmer im Kiez« gemausert hat: Über 60 Ehrenamtler schaffen hier eine solidarische Gemeinschaft zwischen Jung und Alt, hier wird musiziert und gespielt, gekocht und gefeiert.

Auf der Website von mehrgenerationenhaeuser.de des Bundesministeriums für Familie, Senioren, Frauen und Jugend findest du einen Überblick über sämtliche 540 Häuser in Deutschland und zahlreiche Kontakte. Wer sich gar mit der Gründung solch einer Institution herumträgt, erhält hier alle Informationen über das entsprechende Förderprogramm.

Auch für dieses Beispiel gilt natürlich, dass du dich inspirieren lassen kannst, um vielleicht aus deinem Mehrparteienhaus oder deiner Straße einen ganz eigenen Ort der Generationen zu machen. Vielleicht ist ja schon bald dein eigenes Wohnzimmer der Nukleus für ein gesundes Miteinander von Jung und Alt.

Lange Tafel der Generationen in Hannover

Im Gespräch mit ...

MARIA LOHEIDE

vom Vorstand Sozialpolitik bei der Diakonie Deutschland

Die Wohlfahrtsverbände wirken in fast allen Städten und Vierteln des Landes. Maria Loheide setzt sich im Sinne der Sozialraumorientierung für eine bessere Zusammenarbeit unter sämtlichen Akteuren der Nachbarschaft ein. Zum Wohle der Menschen.

Sehr geehrte Frau Loheide, welche Rolle spielt eine vitale Nachbarschaft für die Arbeit eines Wohlfahrtsverbands?

Die Diakonie ist mit ihren Diensten dort, wo Menschen Unterstützung, Begleitung und Hilfe brauchen: in der Nachbarschaft. Sie kann Motor sein, um Menschen zu aktivieren und zu vernetzen. Viele Städte, Gemeinden und Träger der Sozialen Arbeit orientieren sich heute am Konzept der Sozialraumorientierung: Dabei geht es um alle Menschen, die in einem Wohngebiet leben. Statt den Blick auf die eigenen Institutionen zu verengen, steht die Aktivierung der Bürger und das Knüpfen von Netzwerken im Mittelpunkt. Eine lebendige Nachbarschaft kann mehr Lebensqualität schaffen, gerade für Menschen, die Unterstützung benötigen, und sie bereichert und ergänzt die Wohlfahrtspflege. Hier steckt viel Potenzial, das noch längst nicht ausreichend genutzt wird.

In welchen Bereichen der Tätigkeitsfelder der Diakonie kann eine starke Nachbarschaft vor allem unterstützend tätig werden?

Wir wollen die Menschen vor Ort dabei unterstützen, im jeweils individuellen Rahmen selbstbestimmt leben und an Gemeinschaft teilhaben zu können. Das gilt auch für Menschen, die zum Beispiel eine Behinderung haben, die arbeitslos sind, alt oder psychisch erkrankt. In allen Bereichen der Sozialen Arbeit sind dabei Nachbarn, die für andere offen sind, eine echte Bereicherung. Das kann zum Beispiel auch die Berliner Pizzeria sein, die regelmäßig Besuch von Menschen mit Behinderung von nebenan bekommt. Wenn diese Gäste heute eine Weile nicht kommen, fragen die Kellner nach – sie gehören zur Nachbarschaft einfach dazu.

»Ein Potenzial, das noch
längst nicht ausreichend genutzt wird.«

Die Überalterung der Gesellschaft ist eine der drängendsten sozialen Fragen. Was können Wohlfahrtsverbände und Nachbarschaften gemeinsam gegen Vereinsamung und Armut im Alter unternehmen?
Die Vereinsamung trifft bei Weitem nicht nur alte Menschen – aber sie leiden besonders darunter, auch gesundheitlich. Professionelle Dienste tragen gemeinsam mit einer engagierten Nachbarschaft dazu bei, dass alte Menschen gut betreut sind und ihre Mobilität so lange wie möglich aufrechterhalten bleibt. Aber auch Senioreneinrichtungen können zum Beispiel mit einer Kita oder einem Café unter einem Dach zu einem lebendigen Ort werden.

Wie kann ein Wohlfahrtsverband sonst noch die Ressource Nachbarschaft für seine Arbeit nutzbar machen?
Im ersten Schritt geht es meistens darum, die eigene Rolle in der Nachbarschaft zu verstehen. Sollte beispielsweise eine Kindertagesstätte ausschließlich für Kinder arbeiten? Oder kann sie Anlaufstation für Themen der Nachbarschaft sein – und vielleicht ihre Räume auch Vereinen und Gemeinschaften zur Verfügung stellen, die etwas an der Lebensqualität aller verbessern wollen? Statt als Einrichtung für eine bestimmte Zielgruppe oder für die eigenen Mitglieder wollen Diakonie und Kirche sich immer mehr als Akteurinnen in einer vielfältigen Nachbarschaft verstehen.

Was kann die Politik tun, damit Nachbarschaft und Wohlfahrt ihre Kräfte bündeln können?
Allzu oft scheitern gute Ideen in der Nachbarschaft an rechtlichen und finanziellen Hürden. Hier muss der Gesetzgeber für Klarheit sorgen und Sozialraumorientierung als Prinzip in allen Sozialgesetzen und bei der Finanzierung berücksichtigen. Vor allen Dingen müssen zum Beispiel Stadtplanung und -entwicklung, das Gesundheitswesen, Kultur und Schule, soziale Dienste und Quartiersmanagement zusammenarbeiten. Hier sehe ich großen Bedarf.

NEUES LEBEN EINHAUCHEN

Die Zeit ist ein gnadenloser Geselle

Die Zeit strebt ohne Halt nur nach vorne und kümmert sich nicht weiter um Menschen und ihre Werke. Wer alte Fotografien aus seiner Stadt betrachtet, dem kommen manchmal die Tränen: Die Bauten der Jahrhundertwende, wunderschöne Jugendstilhäuser oder Gründerzeitvillen, sind heute längst nicht mehr da. Und wenn doch, dann sind sie meistens in einem erbarmungswürdigen Zustand. Wenn du Zeit hast, dann mach einmal einen Spaziergang durch deinen Stadtteil – aber vergiss nicht, Taschentücher mitzunehmen.

Aber natürlich gibt es Beispiele dafür, wie das Alte mit neuem Leben erfüllt werden kann. Oftmals ist das ein besonders intensiver Kraftakt, der nur von vielen Händen (in denen meistens viel Geld liegt)

Die Heilstätte Grabowsee in Brandenburg

gemeistert werden kann. Außerhalb von Berlin zum Beispiel gelingt das gerade mit der ehemaligen Heilstätte Grabowsee. Über ein Jahrzehnt wurden die denkmalgeschützten Gebäude von Vandalen und Metalldieben heimgesucht. Die 1906 eingeweihte Kapelle brannte durch Brandstiftung bis auf die Grundmauern nieder.

2011 pachtete der Kids Globe e.V. das Areal und setzt sich seither für die Wiederbelebung der Gebäude und die Einrichtung einer internationalen Akademie für Kinder und Jugendliche auf dem 34 Hektar großen Gelände ein. Unter der Schirmherrschaft des früheren Bundespräsidenten Roman Herzog hat sich Kids Globe die Aufgabe gestellt, das Gebäudeensemble in eine freie Bildungseinrichtung für junge Leute weltweit umzubauen.

Das ist das große Kino des bürgerschaftlichen Engagements.

In den letzten Jahren wurden v. a. die Dächer gesichert, um den ungebremsten Verfall aufzuhalten. Plünderung und Vandalismus gehören jetzt der Vergangenheit an. Als nächster Schritt soll das Gelände für die junge Generation gekauft werden.

Es gibt zahlreiche Beispiele dafür, dass bürgerschaftliches Engagement zum Erhalt oder Wiederaufbau von wunderschönen Orten geführt hat. Unter anderem:

- das Zukunftstadtbad Halle: zukunftstadtbadhalle.de
- der Bürgerbahnhof Plagwitz: buergerbahnhof-plagwitz.de
- oder das Kühlhaus in Görlitz: kuehlhaus-goerlitz.de.

Stimmen Konzept, Motivation und Team, findest du auch Geldgeber für dein Projekt. Aber wir geben schon zu: Das ist das große Kino des bürgerschaftlichen Engagements.

Erste Schritte zur Sanierung

Für den doch eher unwahrscheinlichen Fall, dass du dich an ein Projekt wie die Sanierung eines womöglich denkmalgeschützten Gebäudes heranwagst, solltest du dich an das **Deutsche Nationalkomitee für Denkmalschutz** wenden. Es bildet auf Bundesebene die Plattform für die Denkmalpflege auf Landesebene und kann dich über sämtliche öffentliche und stiftungsgebundene Förderprogramme aufklären. Auch auf der Website staedtebaufoerderung. info des Bundesministeriums für Umwelt, Naturschutz, Bau und Reaktorsicherheit oder unter bbsr.bund.de/BBSR des Bundesinstituts für Bau-, Stadt- und Raumforschung erhält man Informationen.

DER PREIS IST HEISS

Wer aus seinem persönlichen Engagement heraus Größeres für seine Nachbarschaft oder darüber hinaus schaffen möchte, könnte ein paar Penunzen sicher gut brauchen. Da kannst du dich durch Dutzende von Websites klicken, um geeignete Förderprogramme zu finden – oder du versuchst dein Glück gleich beim **Deutschen Nachbarschaftspreis**.

Der Preis wurde erstmals 2017 durch die **nebenan.de Stiftung** (Initiator) verliehen. Er will Projekten, die eine lebendige Nachbarschaft gefördert haben, eine Bühne bieten und diese feiern. Der Preis soll dazu motivieren, eine gute lokale Nachbarschaft zu fördern sowie Engagement und Vorbildcharakter auszuzeichnen. Preisträger-Projekte werden nach der Preisverleihung unterstützt und gefördert, um weitere Nachbarn zu inspirieren, sich für ein gutes und lokales Miteinander einzusetzen.

Beim ersten Durchgang haben sich in nur sieben Wochen über 1.300 Nachbarschaftsgruppen, Sozialunternehmer, nachbarschaftliche Initiativen und gemeinnützige Vereine beworben. Die Betätigungspalette reichte von Straßenfesten über Repair-Cafés und Urban Gardening bis zu Blumenbeetpatenschaften. 66 davon haben es unter die Nominierten geschafft, davon wurden 16 zu Landessiegern gewählt und davon wiederum drei zum Bundessieger gekürt. Der Sieger bekam 15.000 Euro, der Zweitplatzierte 7.000 Euro, Bronze brachte noch 5.000 Euro. Wobei es 2017 gleich zwei Silbermedaillen gab.

Das Selbstverständnis der nebenan.de-Stiftung

»Unsere Vision ist eine Gesellschaft, in der sich jeder Mensch in seinem lokalen Umfeld zu Hause fühlt und seine Potenziale aktiv in die lokale Gemeinschaft einbringen kann. Die nebenan.de Stiftung ist eine operative sowie fördernde Stiftung, die sich für lebendige Nachbarschaften in Deutschland einsetzt. Wir pilotieren, implementieren und skalieren innovative Projekte zur Förderung und Stärkung nachbarschaftlich-gesellschaftlichen Engagements.

Wir kooperieren mit Partnern aus Zivilgesellschaft, Wissenschaft, Politik und Wirtschaft. Dabei fördern wir die Vernetzung von Akteuren und die Verbreitung erfolgreicher Lösungsansätze. Die Zusammenarbeit mit der Nachbarschaftsplattform nebenan.de, Deutschlands größtem sozialen Netzwerk für Nachbarn, bildet dabei die Basis für die Wirkung unserer Arbeit.«

Unsere Vision ist eine Gesellschaft, in der (...) jeder Mensch (...) seine Potenziale aktiv in die lokale Gemeinschaft einbringen kann.

Die Top 3 der Nachbarschaft

Die Bundessieger des Deutschen Nachbarschaftspreises 2017:
- Platz 1: »Tag des guten Lebens« von der Bürgerinitiative Agora Köln, siehe auch Seite 39
- Platz 2: die Lebensmittelretter vom Spielwagen e. V. in Magdeburg
- Platz 3: »Witzin macht Zukunft« vom Dörpschaft Witzin e. V.

ZUM SCHLUSS

Die Nachbarschaft ist nicht einfach ein räumlich definierter Raum rund um das Heim eines Individuums. Sie ist mehr. Und sie kann mehr. Das unmittelbare Umfeld und seine Menschen sind eine hohe Ressource, derer wir uns an vielen Orten bislang zu wenig bewusst geworden sind – und deren Energie Berge versetzen kann.

Die Beispiele, die wir in diesem Buch zusammengetragen haben, sind nur ein Bruchteil der Aktivitäten, die sich jeden Tag da draußen vor unseren Türen abspielen. Es sind unzählige Akteure, die sich bestehenden Initiativen anschließen, neue gründen, bestehende weiterentwickeln, beerdigen und wiederbeleben. In vielen Schattierungen und Größen, organisiert oder sich frei entwickelnd, allein oder mit Partnern, das Digitale nutzend oder sich verweigernd.

Bücherpiraten e.V. in Lübeck

Wir hoffen, zeigen zu können, dass wirklich alle ihren Beitrag zu einer vitalen Nachbarschaft leisten können. Die Bewohner zuallererst als die stärksten Treiber eines lebendigen Zusammenwirkens, aber auch die vielen Organisationen wie Vereine und Wohlfahrtsverbände, die nicht nur ihre Räume zur Verfügung stellen – sondern selber zu Motivatoren und Initiatoren werden. Sie schärfen das Bewusstsein für die lokalen Bedürfnisse und ersinnen im Verbund mit Anwohnern Lösungen, die als Brücke ins Öffentliche reichen und in andere Städte implementiert werden.

Wir haben dir Lust gemacht, deine Nachbarschaft zurückzuerobern? Dann gibt es nur einen letzten **guten Tipp von uns:** *Egal, welche Idee, dir durch den Kopf geht. Habe Mut, teile deine Idee, sprich deine Nachbarn an und du wirst sehen, es passiert was.*

Und nicht zu vergessen unsere Geschäfte, all die Tischler, Optiker, Gemüseverkäufer und Designer. Auch sie stärken die lokale Infrastruktur, sie halten die Menschen in ihrem Viertel, sind Orte der Begegnung und des Austauschs – und wenn es nur in der Schlange beim Bäcker ein Plausch über das Wetter ist. Ihre Rolle geht weit über jene als Anbieter von Waren und Services hinaus. Ein letztes Beispiel: Die Hamburger Sparkasse baut derzeit ihre 140 Filialen zu Treffpunkten um, in denen Nachbarn Bücher tauschen, Zeitung lesen und einen Kaffee trinken können. Bei allen Eigeninteressen – sie belebt damit die lokalen Gemeinschaften. Das sollte uns bewusst sein. Die Idee des »buy local« darf gerne weiterwachsen, damit die lokalen Händler und Dienstleister den Zulauf bekommen, den sie verdienen.

All diese Akteure sind vereint in dem Bestreben, dass sich das Leben der Menschen verbessert. Warum ist das so? Wir können uns dazu noch kein abschließendes Urteil erlauben, doch wir als Macher von nebenan.de sehen schon heute: Die Globalisierung hat auch zu einer Re-Lokalisierung geführt, einer Rückbesinnung auf die direkte Umgebung. Vielleicht überfordern viele Menschen die Herausforderungen unserer Zeit, und so sehnen sie sich wieder auf die eigene einigermaßen klar definierte Scholle zurück, auf der sie den Überblick behalten und sich mit anderen austauschen können, die sie tatsächlich sehen, riechen, sprechen – und denen sie vertrauen können. Auf der sie eben auch wieder erfahren können, dass das direkte Umfeld alles für einen funktionierenden Alltag bereit stellt.

Erste Soziologen und Städteplaner sehen ein gesamtgesellschaftliches Potenzial aufkeimen aus den nebenan.de-Vierteln

Die Globalisierung hat auch zu einer Re-Lokalisierung geführt, einer Rückbesinnung auf die direkte Umgebung.

unserer Städte. Noch können wir nicht erahnen, was aus den Aktivitäten an den vielen Orten überall in Deutschland (und mittlerweile auch in Frankreich) erwachsen wird. Wir sehen nur: Da ist verdammt viel los. Vielleicht schließen sich diese vielen »Achsen des Guten« zu einer Bewegung zusammen, die eine gesellschaftliche Bedeutung gewinnen wird. Egal, wohin die Reise geht: In jedem Fall leisten all diese Menschen schon heute einen Beitrag zum Aufbau einer sich gegenseitig helfenden und zugewandten Gesellschaft.

Wir hoffen, dass auch wir mit diesem Buch einen Beitrag für mehr Zusammenhalt in unserer Gesellschaft leisten konnten. Wenn wir nur einem oder einer Inspiration und Anstoß sein durften, ihr Umfeld zu gestalten, ist unsere kleine Mission geglückt.

Genug der Worte. Geht raus und erobert die Straße.
Eure Straße.

Anwohnerinitiative »Ab geht die Lucie!« in Bremen

DANK

Wir danken allen engagierten Nachbarn – online und offline, dem
gesamten Team von nebenan.de und der nebenan.de Stiftung
(ihr seid einfach spitze!), allen Initiativen, die unsere Nachbarschaften zu lebenswerten Orten machen und sich täglich dafür einsetzen,
allen Partnern und Förderern der Stiftung, den Interviewpartnern
in diesem Buch, ihren Mitgründern Christian, Till, Matthes und Sven
sowie ihren Familien.

Über die Autoren

Ina Brunk

Ina ist Mitgründerin von nebenan.de. Die Marken- und Kommunikationsexpertin entdeckte ihren Enthusiasmus für gute Kommunikation während ihrer Ausbildung in einer der führenden deutschen Kreativagenturen. Vor nebenan.de war Ina als Kommunikationsberaterin und strategische Planerin tätig. Sie blickt zudem auf viele Jahre Erfahrung in der tiefenpsychologischen Marktforschung zurück.

2003 gründet Ina gemeinsam mit Freunden die Organisation »Junge Helden« und führt diese nach dem Tod der Initiatorin Claudia Kotter 2011 weiter. Heute ist der bereits mehrfach ausgezeichnete Verein einer der wichtigsten Ansprechpartner für die deutsche Bevölkerung, Krankenkassen, Politik und Bildungseinrichtungen, wenn es um zeitgemäße Aufklärungsarbeit zum Thema Organspende geht.

Auf dem Land aufgewachsen hat Ina erlebt, wie erfüllend es sein kann, in einer lebendigen Gemeinschaft zu leben. Sie freut sich seit der Gründung von nebenan.de 2015 täglich, ihren Teil dazu beitragen zu können, dass aus einer funktionalen Umgebungen wieder ein Zuhause wird.

Michael Vollmann

Michael ist Mitgründer von nebenan.de und Geschäftsführer der nebenan.de Stiftung gGmbH. Seine Leidenschaft ist das Thema Social Entrepreneurship. Vor nebenan.de war er zuletzt als Mitglied der Geschäftsleitung von Ashoka Deutschland maßgeblich daran beteiligt, das Thema voranzutreiben.

Michael liebt die vielen Gesichter seiner Nachbarschaft, des Görlitzer Parks in Berlin-Kreuzberg. Doch lassen ihn die täglichen sozialen Herausforderungen in diesem bewegten Teil der Stadt nicht unberührt. Durch nebenan.de möchte er eine Gelegenheit bieten, die Anonymität der Großstadt zu überwinden, mehr miteinander in Kontakt zu kommen und sich aktiv für die unmittelbare Nachbarschaft einzusetzen.

Über die Stiftung

Die gemeinnützige **nebenan.de Stiftung** gGmbH wurde 2017 als Tochter des Berliner Sozialunternehmens Good Hood GmbH, das die Nachbarschaftsplattform nebenan.de betreibt, ins Leben gerufen. Die Vision der Stiftung ist eine Gesellschaft, in der ein offenes und solidarisches Miteinander alle Bewohner im Viertel einschließt und in der Nachbarn für ihr Lebensumfeld Initiative ergreifen. Die Stiftung fördert lokales bürgerschaftliches Engagement und setzt sich durch gezielte Aktionen für mehr gesellschaftlichen Zusammenhalt ein.

Dazu vergibt die nebenan.de Stiftung seit 2017 den Deutschen Nachbarschaftspreis und initiierte 2018 erstmals den bundesweiten Tag der Nachbarn am 25. Mai.

Die nebenan.de Stiftung ist als eigenständige gemeinnützige Organisation Mitglied im Bundesverband Deutscher Stiftungen. Sie kooperiert unter anderem mit dem Deutschen Städtetag, dem Deutschen Städte- und Gemeindebund, dem Deutschen Landkreistag, dem Bundesinnen- sowie dem Bundesfamilienministerium.

Nachbarschaftsplattform	nebenan.de
nebenan Magazin	magazin.nebenan.de
nebenan.de Stiftung	nebenan-stiftung.de
Deutscher Nachbarschaftspreis	nachbarschaftspreis.de

Serviceteil

Tolle Projekte und Aktionstage rund ums Thema Nachbarschaft

- Tag der Nachbarn (initiiert von der nebenan Stiftung, immer am letzten Freitag im Mai, deutschlandweit): tagdernachbarn.de
- Tag des guten Lebens (Straßenfest von Agora Köln, jedes Jahr in einem anderen Kölner Stadtviertel): tagdesgutenlebens.de
- Überblick über Mehrgenerationenhäuser in Deutschland: mehrgenerationenhaeuser.de
- Die Anstiftung (fördert, vernetzt und erforscht Räume und Netzwerke des Selbermachens, u.a. zu den Themen Offene Werkstätten, Reparatur-Initiativen, Interkulturelle und urbane Gemeinschaftsgärten): anstiftung.de
- Übersicht Repair-Cafès /Reparatur-Initiativen: reparatur-initiativen.de
- Netzwerk Nachbarschaft (Plattform zur Vernetzung von Nachbarschaftprojekten) : netzwerk-nachbarschaft.de
- Meetup (Plattform zum Finden von Mitstreitern für gemeinsame Unternehmungen und Interessen): meetup.com
- Mundraub (Karte und Netzwerk zum Thema »freies« Obst, Kräuter, Nüsse etc.): mundraub.org
- Dreck-weg-Tag (gemeinsame Müllsammelaktion in Düsseldorf): dreck-weg-tag.de
- Kehrenbürger (Aufräumaktion des BSR in Berlin): kehrenbuerger.de

Urban Gardening

- Urban-Gardening-Manifest: urbangardeningmanifest.de
- Übersicht Urban-Gardening-Projekte: anstiftung.de/urbane-gaerten
- himmelbeet (Berlin-Wedding): himmelbeet.de
- Stadtacker Wagenhallen (Stuttgart): stadtacker.de
- Baumscheibenfest (Berlin Alt-Treptow): baum-scheiben-fest.de
- Grünpaten-Projekt von Green City: greencity.de/projekt/gruenpaten
- Green Gym vom Verein Heilende Stadt (Gymnastik und Gartenarbeit in Hamburg): heilendestadt.de/projekte/greengym

Kulinarisches

- Auf Haxe (Drei-Gänge-Menü quer durch die Nachbarschaft; in über 30 Städten im deutschsprachigen Raum): aufhaxe.de

- Jumpingdinner (Drei-Gänge-Kochdate mit den Nachbarn; in 9 deutschen Städten): jumpingdinner.de

- rudirockt (Drei-Gänge-Kochevent, in diversen deutschsprachigen Städten): rudirockt.de

- Nachbars Tisch in Berlin-Neukölln (1 Abend, 3 Essen, 12 neue Tischnachbarn): nachbars-tisch.de

- Plattform Koch selbst! (Walking Dinner in Dresden): koch-selbst.de

Integration und interkulturelle Projekte

- Welcome Dinner (Hamburg): welcome-dinner.de

- Über den Tellerrand (Berlin): ueberdentellerrand.org

- Ein Teller Heimat (München-Westend): de-de.facebook.com/EinTellerHeimatWestend

- MitMachMusik (Berlin, Brandenburg): mit-mach-musik.de

Informationen rund um das Thema Patenschaften für geflüchtete Menschen

- Bundesministerium für Familien, Senioren, Frauen und Jugend: tinyurl.com/ybe54mrw

- Aktion zusammen wachsen: aktion-zusammen-wachsen.de

- Start with a friend: start-with-a-friend.de

- Hand in Hand: handinhand-patenschaft.de

- AWO – Soziale Dienstleistungen mit Herz: awo-karlsruhe.de/awo-unterstuetzen/fluechtlingshilfe-patenschaft.html

- Freiwilligenagentur Münster: freiwilligenagentur-muenster.de/mitmachen/patenprojekte-in-muenster/

Gemeinsam Sprachen lernen

- Sprachheld: sprachheld.de

- Tandempartners: tandempartners.org

- Conversation exchange: conversationexchange.com

- Apps: Tandem (iOS Apple-Geräte), Speaky (Android)

Die digitale Welt

- Goldener Internetpreis: goldener-internetpreis.de
- Digitale Nachbarschaft (kostenfreie Ausbildung zum Trainer für Sicherheit im Internet): digitale-nachbarschaft.de
- Surftreff@uguste (Frankfurt am Main/Rödelheim): surftreff-auguste.de
- SCC Berlin-Mitte (SeniorenComputerClub): scc-berlin-mitte.de

Für Tierfreunde

- Silberpfoten (Tierschutz Stuttgart, Unterstützung von Tierhaltern im Seniorenalter): silberpfoten-stuttgart.de
- Wir Hunde-Menschen (kostenloses Netzwerk für Hundefreunde): wir-hunde-menschen.de

Tauschen, teilen, verkaufen

- Einstiegsportal in die Welt der Tauschringe (mit ausführlichem Adressenverzeichnis): tauschringadressen.de
- Karte zum Thema »Sharing economy« des Forschungsprojekts i-share: i-share-economy.org/atlas
- Tauschnetz Elbtal: tauschnetz-elbtal.de
- Übersicht Carsharing-Anbieter: carsharing-news.de
- Upperbike (privater Fahrradverleih): upperbike.com
- CouchSurfing (Gastfreundschaftsnetzwerk): couchsurfing.com
- Airbnb (Vermietung privater Urlaubsunterkünfte): airbnb.com
- shareDnC (Vermietung von Büroräume oder Schreibtischplätzen): sharednc.com
- Datschlandia – Garten sucht Freund (Kleingärten zum Teilen): datschlandia.de
- Kilenda (Kleidung zum Leihen): kilenda.de
- Tchibo Share (Baby- und Kinderkleidung zum Leihen): tchibo-share.de
- Foodsharing (Tauschen und Teilen von Lebensmitteln): foodsharing.de
- Hofflohmärkte: nebenan.de/Hofflohmaerkte
- Pumpipumpe – Briefkastensticker: pumpipumpe.ch

Musik und Kultur

- Bücherpiraten e.V. (Projekte rund ums Thema Literatur für Kinder in Lübeck): buecherpiraten.de

- ArtNight (Kunstevents zum Mitmachen, in diversen Städte in Deutschland und in Wien): artnight.com

- Nachbarschaftschor Kanal und Lieder (Hamburg-Wilhelmsburg): kanalundlieder.jimdo.com

- Rudelsingen (in diversen deutschen Städte): rudelsingen.de

- AnKlang (Mitsing-Events in Berlin): anklang.net

- KulturistenHoch2 (Generationenprojekt in Hamburg): kulturisten-hoch2.de

- SofaConcerts (Wohnzimmerkonzerte): sofaconcerts.org

Bürgerschaftliches Engagement

- Tag der offenen Gesellschaft (Engagement der Bürgergesellschaft für gelebte Offenheit, Gastfreundschaft, Großzügigkeit, Vielfalt und Freiheit): die-offene-gesellschaft.de

- Petitionen starten und Mitstreiter finden: openpetition.de I change.org/de I campact.de

- MdBs befragen: abgeordnetenwatch.de

- Mitfahrerbank: mitfahrerbank.com I mitfahrerbaenkla.de

- Überblick über Bürgerbusse (deutschlandweit): buergerbusse-in-deutschland.de

- Broschüre zur Gründung eines Bürgerbusses (vom Verkehrsverbund Berlin-Brandenburg): buergerbusse-brandenburg.de/images/pdf/buergerbus_handbuch.pdf

Quellen

Bertelsmann-Studie: Sozialer Zusammenhang in Deutschland 2017:
bertelsmann-stiftung.de/de/publikationen/publikation/did/sozialer-zusammenhalt-in-deutschland-2017

Diakonie Deutschland: diakonie.de

Forschungsprojekt »Vernetzte Nachbarn« vom Bundesverband für Stadtentwicklung und Wohnen (vhw): vernetzte-nachbarn.de

Kümpers, Susanne (2007): Soziale Netzwerke auf Quartiersebene.

Potenziale von Nachbarschaft und Stadtteil als Bezugssysteme der Prävention. In: Info-Dienst für Gesundheitsförderung, Jg. H. 2, S. 16–17

Verband für sozio-kulturelle Arbeit: vska.de

Abbildungsnachweis

S. 4/5 Amac Garbe, S. 8 Agora Köln/Tag des guten Lebens 2017/Magdalena Stengel, S. 12 Dominik Schmengler, S. 14 Agora Köln/Tag des guten Lebens 2013/Maren Wirths, S. 16 Jan Deichner, S. 24 Stadtteilzentrum Berlin-Steglitz, S. 31 pixabay, S. 33 Über den Tellerrand, S. 35 Amac Garbe, S. 37 Amac Garbe, S. 40 Simon Veith – nachhaltige Photographie/simon-veith.com, S. 42 Agora Köln/Tag des guten Lebens 2014, S. 51 Studentenwerk Hannover, S. 56 Hertie School of Governance, S. 69 Eine Prise Heimat/Carina Adam, S. 81 Über den Tellerrand, S. 89 KulturistenHoch2, S. 93 wikicommons/Lilli Iliev, S. 97 Agora Köln/Tag des guten Lebens 2013/Maren Wirths, S. 98 oben Agora Köln/Tag des guten Lebens 2013/Maren Wirths, S. 98 unten Agora Köln/Tag des guten Lebens 2017/Markus Wilwerscheid, S. 100/101 Agora Köln/Tag des guten Lebens 2015/ Gregor Theis, S. 102/103 Agora Köln/Tag des guten Lebens 2015/Katharina Schwartz, S. 104/105 Agora Köln/Tag des guten Lebens 2015/Maren Wirths, S. 106/107 Agora Köln/Tag des guten Lebens 2014/Katharina Schwartz, S. 115 sofaconcerts/Henrik Wiards, S. 118 Andreas Schwarz-kopf/wikicommons, S. 123 himmelbeet, S. 124 Stadtacker/Anne Schubert, S. 127 Teresa Arnone, S. 129 GreenGym/Heilende Stadt, S. 130 Nachbarschaftshaus Urbanstraße e.V., S. 132 Stadtteil-koordination Lichtenberg Mitte/Berlin, S. 136 wikicommons/RaMa2016, S. 138 wikicommons/ Ilvy Njiokiktjien, S. 140 Agora Köln/Tag des guten Lebens 2017/Magdalena Stengel, S. 144 wikicommons/Oxfordian Kissuth, S. 150 Über den Tellerrand, S. 151 li Tanja Vasylenko für MitMachMusik e.V. , S. 151 re Christophe Gateau/MitMachMusik e.V., S. 152 Über den Tellerrand/ LauraFiorio, S. 154–157 Studentenwerk Hannover, S. 158 Diakonie/Thomas Meyer, S. 160 Walde-mar Wegner, S. 168 Alessia Brügel

Shutterstock: S. 10 li Rawpixel.com, S. 18 Antonio Guillem, S. 20 SG SHOT, S. 28 belushi, S. 29 mimagephotography, S. 30 swuerfel, S. 45 li Romrodphoto, S. 45 re granata68, S. 47 SpeedKingz, S. 53 Africa Studio, S. 54 Julia Sudnitskaya, S. 55 Alena TS, S. 61 Production Perig, S. 74 Dean Drobot, S. 77 unten MinDof, S. 78 li Sura Nualpradid, S. 78 re Pressmaster, S. 82 li AboutLife, S. 83 Syda Productions, S. 85 li Iakov Filimonov, S. 90 oben TunedIn by Westend61, S. 90 unten Syda Productions, S. 96 re Romrodphoto, S. 112 Zurijeta, S. 117 docstockmedia, S. 120 C Levers, 142 re g-stockstudio

Fotolia: S. 10 re Peter Maszlen, S. 50 Alena Ozerova, S. 52 endrews21, S. 58 RAM, S. 60 ALF photo, S. 62 mooshny, S. 68 jackfrog, S. 75 Thomas Reimer, S. 77 oben YakobchukOlena, S. 82 re Lynx, S. 92 diego cervo, S. 96 li encierro, S. 119 li Claudia Paulussen, S. 119 re dima pics, S. 149 Wave-breakMediaMicro

unsplash: S. 13 nick-karvounis, S. 63 Markus Spiske, S. 65 Shanna Camilleri. S. 67 Dan Gold, S. 69 David Vazquez, S. 80 Peter Glaser, S. 114 Clem Onojeghuo, S. 125 Benjamin Combs

nebenan.de Stiftung: S. 23, 27, 32, 38, 88, 18, 131, 134, 142 li, 162, 163, 164, 166/167

nebenan.de: S. 7, 11, 21, 44, 46, 72, 73, 85 re, 86, 108–111, 126, 148

Nachhaltigkeit bei oekom:
Wir unternehmen was!

Die Publikationen des oekom verlags ermutigen zu nachhaltigerem Handeln – glaubwürdig und konsequent. Auch als Unternehmen sind wir Vorreiter: Ein umweltbewusster Büroalltag sowie umweltschonende Geschäftsreisen sind für uns ebenso selbstverständlich wie eine nachhaltige Ausstattung und Produktion unserer Publikationen.

Für den Druck unserer Bücher und Zeitschriften verwenden wir fast ausschließlich Recyclingpapiere, überwiegend mit dem Blauen Engel zertifiziert, und drucken, wann immer möglich, mineralölfrei und lösungsmittelreduziert. Unsere Druckereien und Dienstleister wählen wir im Hinblick auf ihr Umweltmanagement und möglichst kurze Transportwege aus. Dadurch liegen unsere CO_2-Emissionen um 25 Prozent unter denen vergleichbar großer Verlage. Unvermeidbare Emissionen kompensieren wir zudem durch Investitionen in ein Gold-Standard-Projekt zum Schutz des Klimas und zur Förderung der Artenvielfalt.

Als Ideengeber beteiligt sich oekom an zahlreichen Projekten, um in der Branche und darüber hinaus einen hohen ökologischen Standard zu verankern. Über unser Nachhaltigkeitsengagement berichten wir ausführlich im Deutschen Nachhaltigkeitskodex (www.deutscher-nachhaltigkeitskodex.de).

Schritt für Schritt folgen wir so den Ideen unserer Publikationen – für eine nachhaltigere Zukunft.

Jacob Radloff
Verleger

Dr. Christoph Hirsch
Leitung Buch